天下‧文化
BELIEVE IN READING

追熱愛的夢

創新創業 10 堂課

走真實的路

陳培思、林惠君、黃亞琪、朱乙真——著

Contents
目錄

序

保持開放思維
讓創新無限可能

臺北醫學大學董事長 陳瑞杰

　　研究創新是大學與醫療機構的核心使命。北醫大創校迄今63年來，跨過許多荊棘，在創新的道路上戮力前行，逐漸累積出成果。近10年，包含科技部研究計畫件數及經費、產學合作與臨床試驗件數與收入，均逐年大幅成長，衍生新創公司數目也持續增加。

新一代醫師已經跟早年不同，愈來愈多臨床醫學人才開始往外走，不管是資訊、工程或其他領域，都在想著有沒有辦法走出跟前輩不一樣的創新道路。

　　北醫大致力於創造校園內多元發展的各種可能性，不僅提供環境給頂尖的學生未來當教授、當院長、當院士，也要讓其他人能發揮長才，有機會成為總經理、董事長。

　　現今，北醫大在校博、碩、學士有近6,000位，畢業校友累積超過5萬人，仕各行各業都有傑出校友，藉由校友回到學校，或是透過新創論壇等各種方式傳承分享，讓學生或研究人員皆能找到最合適的典範。

創新要能落地應用

　　有些人狹隘的認為，北醫大並非綜合型大學，缺乏理工學院奧援，使得研究有所侷限。事實上，正因為沒有綁定的合作單

位，因此具備各種彈性，能和任何對象合作，迸出更多火花，也成就了現今北醫大把觸角伸向各領域的多元面貌。

過往的學研單位是座象牙塔，研究者多是自己埋頭研究；然而，現在則是強調生態圈，有人帶領學生、有人資助學校，北醫大透過多元發展，打造創業生態圈，期望有朝一日形成一個得以自我維持的生態系統。

創新不能只是「新」，更重要的是要能「用」。

臨床需求是研究關鍵的動能，窮則變、變則通，因為在實務上遇到問題，就會產生尋求改變的動能。

北醫大一校六院體系擁有豐富的臨床資源，因此，應用型的創新研究是北醫大的發展利基，能從實際臨床中挖掘出還沒有被滿足的需求，找出市場需求在哪裡？有沒有哪些最新的工具與服務？如何從實驗室進入產業？如何有效交到需求者手上？

革命性的創新

這些年來，北醫大投入轉譯醫學領域，累積了不少創新成果應用於臨床。然而，這只是起步，現階段多數創新都著眼於幅度較小的優化改變，期望未來，能以現有的創新經驗做為基石，激發出豐沛能量，朝向更宏觀的課題，達到革命性的創新，發揮更

北醫大致力於創造多元發展的各種可能性，不僅要讓學生未來當教授、當院長、當院士，也要幫助他們發揮長才，有機會成為總經理、董事長。

深遠的影響力。

　　臺灣科技進步快速，醫生往往只關注醫療科技。然而，創新不應該只著眼於技術面，更要回過頭檢視體制和系統存在哪些問題？此刻有許多近在眼前的醫療困境急需解決：高齡化的社會、醫療人力短缺、人口老化與生活方式改變，使得社會醫療系統逐漸不堪負荷，更由於醫療快速發展，因而產生了醫療廢料對環境造成汙染，種種難題除了技術面，更需要從制度、系統面的創新

著手解決。

除了持續優化，推出更好的延續性創新，我更期待北醫大產生「破壞式的創新」，跳出既有思維，勇於打破框架，尋找到突破口，徹底翻轉現狀。

舉例來說，偏鄉醫院經營困難，醫療資源不足的問題存在已久，除了把眼光放在如何維持偏鄉醫院運作，或許應該反過來思考，要如何才能消滅偏鄉醫院？有沒有可能借助科技力量，串聯數位、資訊，讓偏鄉的家家戶戶成為能自我監測健康狀態的小醫院？透過數位科技達到醫療平權，就是所謂的居家住院（Hospital at Home）的境界。

5G重塑了醫療照護產業，尤其對臨床診斷、遠距照護、病歷資料，甚至是民眾到醫院的就診型態，都產生革命性的系統轉變。醫療系統的新典範，從醫院、醫學中心轉向診所、非住院手術中心、緊急護理中心；從家長式領導改為賦能模式，從重視量到重視價值。

同樣的，借助智慧科技，都市中許多獨居長者，能否不進到醫療場域，就有完善的照護系統？這麼一來，問題將從醫院轉移到如何在社區中建立健康樞紐。

多接觸社會不同的面向，多看看其他不同領域，把視野提高，避免侷限在狹隘的區塊，才能保持開放性思維，成就創新的

無限可能。

蓄積能量，持續卓越

　　日前我受邀演講談到軍陣醫學，有些人認為談論「戰爭」遠離日常生活軌跡。然而，例如發展保溫毯，不應該只是戰爭時應用，登山探險時或是災難發生時，都可以用來自救，不該畫地自限把眼光只放在「戰爭」。

　　又舉例來說，缺蛋是全世界共同面臨的問題，如果不再著眼於如何能更快生產出更多雞蛋，而是鎖定根本不需要雞的「人造蛋液」，那會是新的解方嗎？美國公司就直接透過酵母開發出人工蛋液，不僅能解決缺蛋問題，人造蛋液中也不存在抗生素及過敏原的問題。

　　世界充斥著各式需要被解決的問題，也意味著充滿了各種機會。期待北醫大這些年蓄積的創新能量，在持續邁向卓越的過程中，產生更具革命性、影響力的創新，為臺灣人民，甚至對全人類的福祉，帶來更多貢獻。

Preface

序

激發新火花
發揮更大的影響力

臺北醫學大學校長　吳麥斯

現今世界，正以急遽驚人的速度翻新。

根據《新英格蘭期刊》的研究，在 1980 年代，臨床實際應用到照顧病患的知識翻倍需要耗費 7 年時間，然而，到了 2010 年的時候，卻僅僅只要 75 天；美國醫學院也曾做過統計，在醫學院學習的專業知識，到了學生畢業要進入臨床場域時，所擁有的

知識，僅占實際需要知識的6%。

　　隨著數位科技進展及人工智慧崛起，知識取得門檻愈來愈低。以往，專業知識必須仰賴教授在大學裡傳授，或必須到圖書館查找資料，現在，只要在電腦前，輸入幾個關鍵字，所需的知識就會呈現在眼前，那些曾經被認為需要高度專業能力才能完成的分析，已經完全被簡化，幾分鐘內就可以被電腦解決。

　　這些現象都顯示出由於科技進步得太快，世界不斷的翻新，學校所教導的知識，在學生踏出校園後能實際運用的很有限，因此，在校學習主軸不再只是專業知識，更重要的是個性與能力的養成，建立起自我演化的深度學習能力，才能讓學生具備更強的韌性，面對快速變動的社會。

迎戰變化莫測的未來

　　要如何迎向未來？什麼是關鍵的能力？我提出的關鍵字是：

Futurability，這個字結合了「future」（未來）和「ability」（能力），可以說是面對未來的能力。

就是要有敢突破、敢改變、敢冒險的勇氣，深度學習、終身學習，培養自我演化的能力，才足以面對變化莫測的未來。

勇於改變，也就是突破現狀，追求創新。然而，身處數位時代，教育、管理，乃至醫療照護，經常都以數據為基礎，愈來愈以數字為導向的世界中，生物科技領域看似極度理性，很容易陷入科技與數字，忽略了人性的存在，但我要強調，「人文素養」才是創新的基本要件，也是創新的底蘊。

科技，始終來自於人性；創新，也來自於人性。

為什麼要創新？就是要回應世界的需求與問題。儘管人工智慧再強大，但人性中的溫暖，終究是人工智慧無法企及的，也無法被取代，因此，研究者、創新者的思維都必須要更貼近人性。

同理心，創新不可或缺的利器

以人為本的創新思維，才能洞察使用者真正的需求與痛點。

以人性為核心的創新，不是為了創新而創新，才能真正回應需求及問題。生技醫療創新的動力，實際上就是因應醫療場域的需求，產生有影響力有價值的知識。

要能洞察到需求，進而提出正確的問題，就必須有了解世界的眼光，也就從同理心出發。

　　同理心是創新途中不可或缺的利器，更是創新的泉源與力量所在。

　　史丹福大學廣泛應用的「Biodesign」（生醫設計）概念，以「使用者需求」為核心，力求「解決還沒有被解決的問題」，同樣也是源自於「同理心」。著眼於如何把抽象基礎科學，具體實際運用到臨床上，期待創新者看到問題、回應問題、找出解決問題的方法，發揮同理心，為使用者需求進行解決方法的設計。

　　同理心是需要練習的，在日常生活中，可以透過看電影、閱讀等方式培養同理心，把自己帶入角色中，想像自己就是對方，要能像是鑽進了對方的身體裡，完全從他的角度出發，會有什麼樣的感受，又會希望被如何對待。

　　不只是面對病患，對周遭所有的人，都必須以同理心對待。現今社會，要一個人單打獨鬥的機會幾乎已經完全不存在，在團隊合作中，帶有同理心的溝通與合作是成功的關鍵，才能讓每個不同的人在團隊裡都能找到適切的位置，盡情發揮長才，有人在背後研究、有人站到第一線面對市場，相互搭配，產生新的火花，進而發揮更大的力量。

北醫大期許學生在創新的過程中，勇敢面對失敗，快速滾動、修正，在反覆嘗試中學習，為解決問題找到更多新的機會與可能性。

永遠要有失敗的準備

　　面對快速變動的世界，很難照著預期的方向前進，因此，我認為學生也必須培養更好奇、更敢於提問的能力，好奇就是創新的基礎，願意去提問，試著去解決，才有創新的可能。而這段過

程中，雖然免不了會跌跌撞撞遇到許多挫折，但仍能從中汲取經驗，繼續前進。

我也想提醒，在加速創新的過程中，不只加速成功，同時也可能加速失敗，永遠要有失敗的準備，不行就果斷中止，再重新開始，快速滾動、修正，不斷在反覆嘗試中學習，為解決問題找到更多新的機會與可能性。

我的治校理念，依序有三：人文、創新、卓越。

期許北醫大的每一個人，都以「謙虛中帶著自信、同理中帶著苛求、好奇中帶著謹慎」的態度，往對的方向、更好的路上奮力前進。

把自己準備好，保有對世界的好奇心、對人的關懷，做為持續成長的動力，願意思考還沒有解決的問題，並懷抱著同理心與包容的態度，面對周邊的變化，以人文為基礎，加上知識為後盾，打造讓世界更美好的創新。

Foreword

前言

創新創業
讓世界更美好

　　管理學大師彼得‧杜拉克的名言──「不創新，即滅亡」，表達出在快速變動的時代，「創新」已經不是一個選項，而是生存必備的要件。

　　創新是社會進步的關鍵，培養獨立思考和解決問題的重要階段，就是在大學時期。

　　在美國，大學是推動進步的動力，史丹福大學、麻省理工學院、哈佛大學等一流大學，以提供學生豐富資源、專業知識和創

業機會聞名。其中，史丹福大學更是矽谷科技創業家的搖籃。

而這一股風潮也蔓延至臺灣。

把研究帶入產業，守護更多生命

以培育醫療生技人才為目標的臺北醫學大學，也從許多國際知名大學創新創業經驗中得到啟發，以「創新」為核心理念，聚焦轉譯醫學、精準健康、智慧醫療等領域，並將研究成果實際應用在生醫產業。

轉譯醫學是將基礎醫學研究，直接和臨床治療連結的新思維，讓科學研究不只停留在實驗室中，而是能真正造福病人和醫療實踐。

早從十多年前起，北醫大就開始建立基礎醫學研究成果與臨床應用。

北醫大前口腔醫學院院長歐耿良，在學校任職期間，就將研究重點鎖定在轉譯醫學上，把工程技術延伸至生醫材料等應用。2014年，他更毅然決然辭去教職，決定創業，從學研單位轉換到產業界，率領20多位北醫大生醫器材研發暨產品試製中心團隊，創立台灣首家生物3D列印公司「三鼎生技」。

歷經十年時間，三鼎生技在2020年興櫃掛牌，歐耿良也以

實際行動證明了自己的研究與理論，禁得起商業化的考驗。

北醫大生藥學研究所教授莊國祥領導研究團隊，開發出創新的雙功能抗體，培育腫瘤專一性武裝T細胞的技術平台。

研發新療法的過程既艱苦又漫長，更需要龐大的資金挹注，許多時候就像在幽谷中摸索前進。從設立公司的那一刻起，莊國祥如履薄冰，為了籌措資金輾轉難眠，但他仍和團隊不斷堅持，就是希望能為癌症病人帶來可負擔的新型治療選擇。

同樣也是生藥學研究所教授的林若凱，一直以來都在思考，如何讓研究的成果改善現今醫療困境，實際讓社會大眾受惠？她與團隊開發了以分析血漿中游離之異常甲基化去氧核糖核酸（DNA），精準區分乳癌病人與健康人的篩檢方法，有效改善臨床乳房篩檢、診斷與乳癌治療監測。

不同於實驗室，商場如戰場，面臨的是更多接踵而至的挑戰，但林若凱深信，把研究帶入產業，為了守護更多生命而努力研發，將能造福人群。

從各面向提升醫療品質

精準醫療的創新創業，在北醫大裡也有許多豐碩的成果。

雙和醫院婦產部醫師賴鴻政研發的子宮內膜癌體外檢測試劑

服務，一路走來的軌跡，是北醫大發展醫學創新的典範。

　　從未被滿足的臨床需求做為起始發想，進行研發、功效驗證、專利申請、臨床試驗、技轉至衍生新創公司「酷氏基因」，再往前進行產品商化、正式取得TFDA三級醫材認證，並開始在雙和醫院提供檢測服務。

　　對轉譯醫學博士學位學程教授楊維中而言，埋首研究，升到教授、發表一篇論文，然後呢？她始終期望能將研究變成一項能造福全球女性的產品。

　　當楊維中發現子宮內膜異位會造成不孕，但檢測卻非常不易，於是把研究重點鎖定在開發出簡單便利的早期診斷檢測工具，投入業界，成立「維致生醫」，成功開發僅需要抽血檢查的子宮內膜異位症體外檢測試劑。

　　能夠幫助醫師更準確的判斷疾病狀態，提出更有效治療方案的智慧醫療，也是北醫大創新的方向之一。

　　北醫大醫學資訊研究所教授李友專在臨床工作中，發現用藥錯誤的問題，於是打造「醫守科技」，以醫療人工智慧決策支援系統，協助醫師把關用藥安全；身為第一線醫師，他看到醫療金額持續攀升帶來的隱憂，成立國內首間結合AI皮膚檢測與遠距醫療應用的公司「醫智科技」。

　　儘管身為亞洲人工智慧醫療領域的權威，但李友專仍捲起袖

子學習募資和經營，就是為了要親身實踐自己所提倡的「早覺醫療」概念。

激發更多創新創業能量

創新的種子，已經在北醫大播下多年，前校長林建煌除了延續前人腳步，更持續布建北醫大體系創新創業網絡，激發更多能量，擴大影響力。

2018年北醫大學習史丹福大學生醫設計的精神，將此法導入校內，2019年林建煌帶隊至矽谷取經，2020年起派送國際講師至史丹福培訓後，2021年成立臺北醫學大學生醫設計創新中心（TMU Biodesign Center），積極培育更多生醫設計創新人才。

而其中，前往美國接受培訓的北醫附醫骨科部主任吳孟晃，更是身體力行投身創業，成立衍生新創公司「強骨生醫」，推出椎穩強脊椎穩定系統，解決現今脊椎融合手術後常見的併發症，透過生醫設計的方法達到醫材創新。

創新創業更需要有不設限的開放心態，才能創造出意想不到的突破。

自北醫大醫檢系畢業的吳采頤，並沒有從事醫療相關工作，卻發展出連美國迪士尼、好萊塢都驚豔的革命性音效技術

Ambidio，即使用一般筆電、手機，也能享受到環繞在耳邊的立體聲音。

馬來西亞拿督斯里邦里瑪陳榮洲從牙醫系畢業後，白手起家逐步開創事業王國，2006年更重返醫療領域，創建吉隆坡最大的牙科中心 —— 吉隆坡國際牙科中心（KLIDC），儘管他始終沒有披上白袍擔任牙醫，卻帶動馬來西亞牙科領域的進步，提升馬國整體牙醫的醫療品質。

19世紀英國的經濟與哲學家約翰・彌爾（Jonn Stuart Mill）曾說：「現在一切美好的事物，無一不是創新的結果。」

在臺北醫學大學，有著一群又一群勇於挑戰創新的人們，正在改變世界，而這些前行的足跡，也將激勵更多的人，走上創新創業的道路。

第1堂課 —— 讓付出的努力有價值

實踐與分享
生醫設計精神

臺北醫學大學附設醫院骨科部主任 **吳孟晃**

Innovator/01

生醫設計是史丹福大學開發的設計思考方法，
　　從「需求」導向為起點，結合技術，
　　運用於醫療、醫材創新，
　　更鼓舞吳孟晃從臨床踏上創業之路，追求夢想。

撰文／陳培思　攝影／黃鼎翔　照片提供／吳孟晃、臺北醫學大學

有朝一日，
我想創造出
造福全人類的
手術或治療方式。

「老實說，會從臨床醫師進到創業，我自己也覺得滿意外的，」北醫生醫設計創新中心第一任執行長、現為臺北醫學大學附設醫院骨科部主任吳孟晃笑著談到。

其實，吳孟晃會創業，起心動念來自於到史丹福大學學習生醫設計（Biodesign）的創新流程後，要回國授課，希望自己能夠從無到有應用一次，「如果我自己都沒開過公司，那要怎麼教學生創業？」

同時，喜歡挑戰、跨領域事務的吳孟晃，也希望可以藉著這樣的方式，達成自己的夢想。

「創造是很有價值的事，我一直希望能用創造來改變世界，」新創的火苗始終在吳孟晃心裡醞釀燃燒著，而母校北醫大體系對新創積極鼓勵的氛圍，正好成為他圓夢的最大助力。

故意選擇困難的路走

儘管吳孟晃認為一腳踏入新創，並不在人生預期中，然而，也許是個性上使然的結果。

活躍的吳孟晃向來就喜歡嘗試，進到臺北醫學大學就讀大學期間，不僅積極擔任社團幹部，大一甚至參加高達九個社團，橫跨聯誼、服務、醫療各種型態。

> **許多學生、醫生、醫護人員，**
> **都有創新的想法，**
> **但共同的問題都是不知道怎麼實現。**

「我喜歡看得比較廣一點，不喜歡一直執著在某個領域，」熱中跨域的吳孟晃，甚至把不同場域的經驗重新融合應用，例如把康輔社的服務精神帶到電腦社，這些都讓他覺得非常有趣。

醫學系念到了第 3 年、第 4 年的時候，學習著重技術本位，聚焦在正確診斷、正確治療上，讓吳孟晃暫時回歸課業，鑽研醫學知識。

但，熱愛挑戰的因子始終在體內蠢蠢欲動。

雖然未來目標想進入外科，但吳孟晃認為內科知識是重要基礎，因此選擇先到內科受訓，更挑了大家都覺得很有難度的選項，「那時，很多人都說，基隆長庚醫院的內科訓練，挑戰性很高，因為當地很多礦工罹患塵肺症或酒精性肝硬化，病人往往有吐血，或是喘不過氣的危急狀況，值班時經常需要急救。」

「但我相信選基隆長庚，能培養我照顧病患的能力，」吳孟

晃認為，困難的事具有一定的價值與意義，「後來證明我這想法果然是對的，經歷過較難的事，能獲得更多豐富的經驗。」

感受創新帶來的力量

吳孟晃選擇了骨科做為執業領域，因為在骨科，可以靠一個手術，或是技術設備，就能很有效幫助病人，「例如患者置換人工關節後，很快就能下床，出院時通常都是笑嘻嘻，從很痛到完全不痛，治療過程非常戲劇化，和我的個性很合拍。」

而骨科經常透過醫材、技術不斷推進治療方式，很符合醫學創新範疇，也讓吳孟晃感受到創新帶來的力量。

看到光是人工關節這一項發明，就幫助了這麼多人，吳孟晃也開始有了夢想，希望自己有朝一日，創造出能造福全人類的手術或治療方式。

到嘉義長庚醫院服務之後，吳孟晃跟著嘉義長庚紀念醫院骨科系關節重建科主治醫師彭國狄學習，並且與工研院合作，投入人工骨支架的骨頭重建創新研究。

當時吳孟晃做為住院醫師，並不懂技術要如何跟臨床做對接，「透過和工研院合作經驗，看到技術如何和需求結合，」就這樣，他跟著學做動物實驗、法規驗證等，「我就開始學習這些

2020年到史丹福大學學習生醫設計，打開了吳孟晃（右3）對創業的熱情，也學習用對的方法，避免走冤枉路。

不是傳統認知裡醫師需要學的東西。」

與工研院合作過程中，吳孟晃得到了啟發，發現在研究之後要產生價值，還必須經過很長一段路，「這些經驗告訴我，新創不能只靠自己，包括法規、商業、市場、行銷，這些環節不靠共同合作，完全行不通。」

2013年吳孟晃參與衛福部計畫，前往美國受訓，了解世界知名的費城湯瑪斯傑佛遜大學的骨科，透過學術研發一條龍產出，「看到醫材大廠怎麼和研究機構合作，從研究題目、臨床試驗、研究成果到學術發表、商品化上市，真的讓我大開眼界。」

之後陸續到韓國、香港進修，卻也讓吳孟晃產生疑惑，「骨科大師都是跟國際大廠合作，開發後布局全球，但為什麼臺灣卻很少呢？」他發現，臺灣除了市場小，往往一開始創新研發就只把眼光放在臺灣，自己創造的專利經常只有醫師自己獨門使用，即使產品好，仍大幅限縮了國際影響力和價值。

以終為始，從需求出發

2020年，北醫大派吳孟晃前往史丹福大學學習生醫設計課程，讓他如獲至寶，「他們教的東西正是我所需要的！」

「這次受訓給了我非常巨大的影響，是促使我踏入創業的主

> **生命就是要不斷燃燒、敢作夢，**
> **有夢想才會想要努力實現。**

要關鍵，」經過半年的洗禮，吳孟晃打開新視野及嶄新的道路。

生醫設計是一套史丹福大學開發的設計思考流程方法，有別於傳統創新往往從「科技」出發，改以「需求」導向為起點，結合技術，運用於醫療、醫材創新，能夠快速針對需求找到對應的解決方案。

「過去以技術導向的創新，可能要花上5到10年，等技術成熟，才開始找市場，」吳孟晃解釋，但生醫設計「以終為始」的概念，從需求出發，一開始就把後面的風險、市場、安全、成本、可行性等，全盤納入做綜合考量判斷，因此效率、速度都比傳統技術導向的創新更為快速。

從2000年開始至今，生醫設計這套方法已經執行超過20年，光是史丹福大學就順利催生超過120家新創公司，每個方案至少都解決超過10萬人以上的醫療需求。

　　「要成功創業已經很不容易，能持續屹立不搖更不簡單，」吳孟晃談到，相較於創業中超過九成的陣亡率，史丹福大學實踐生醫設計的新創公司，有三分之二至今仍然存活，其中，醫材公司Shockwave medical，開發透過血管內震波碎石技術用於血管鈣化斑塊治療，減少血管破裂風險，成功在那斯達克綜合指數（NASDAQ）上市，並取得市場認同。

　　吳孟晃喜歡創新，自己擁有好幾個專利，然而，過去卻始終不知道要如何商品化，讓他總是感慨，「即使有好想法、有好的東西，就是一直卡住，無法繼續推進到市場上，不能發揮影響力。」

用對的方法，避免走冤枉路

　　直到接觸生醫設計後，他豁然開朗，以往卡關的環節找到了答案。

　　「到了史丹福後發現，原來這些都是有方法的，有一個個指引步驟，」吳孟晃難掩興奮談到，「這是醫療創新聖經，以前學校怎麼沒有教？」

　　從生醫設計設定的條件出發，可以找出符合市場「剛剛好」的需求，不會過於創新到市場無法接受，而且是5到7年內可以

喜歡創新的吳孟晃，過去擁有好幾個專利，卻因為不知道要如何商品化，而遲遲沒有踏出下一步。

完成的項目，從什麼時候成立公司、什麼時候臨床試驗，都有確切的時程表，也能藉由平台，鏈結創業過程中所需的資源。

「如果沒有這套流程和方法，我真的不敢貿然創業，」吳孟晃指出，生醫設計把創新創業歷程系統化整理出來，省去新手茫然摸索的過程，「讓創業不會是無頭蒼蠅，有效又相對安全，不至於跌得粉身碎骨。」

到史丹福前，吳孟晃雖然喜歡創新，但對於實際創業並沒有特別的想法，但回來之後就像變了個人，躍躍欲試。

「我印象很深刻，要出國之前，當時北醫附醫的陳瑞杰院長（現任北醫大董事長）還說『你要去創業了啊』，我信誓旦旦回答『不會』，」吳孟晃笑著說，「結果回國之後，就真的開始投入了創業。」

團隊有共同目標，才會推動到最後

吳孟晃找上另外3位包括醫材、醫法、商業的夥伴，組成團隊，4個人按照生醫設計的步驟，先從臨床需求探索。

「最前期是讓不同領域的夥伴，把想到的所有需求全都整理出來，可能高達200、300個，再依據量表篩選到最後的需求，」吳孟晃強調，「篩選出來的需求是團隊共同想要的，這非常重要，如果有人覺得不是自己想要的，往往就會事不關己，做不下去。」必須達成共識，每位成員才會為此一直推動到最後。

由於團隊成員的共通點都是對脊椎醫學有了解，因此，很自然的聚焦在脊椎領域。

起初，思考過椎間盤修復，雖然前端技術可行，但到了後端的商業和法規卻會出現問題，於是踩了剎車，「這套方法太重要了，能幫助我們避免走冤枉路，」透過親身實踐，吳孟晃感受更是深刻。

> **在研究之後要產生價值，必須經過很長一段路，**
> **包括法規、商業、市場、行銷……**
> **這些環節沒有共同合作，完全行不通。**

　　經過兩、三個月，依據生醫設計篩選出重要性和可行性較高的領域，確認商業、技術、法規都可行，把各種想法逐漸收斂，團隊設計出「椎穩強脊椎穩定系統」，利用微創手術將脊椎脊突緩衝繞帶置入病人脊椎手術患處，除了可以提升脊椎融合手術的效果，也能大幅降低鄰近節病變發生的風險。

　　在北醫大的支持下，團隊於 2022 年 12 月成立「強骨生醫器材」（以下簡稱「強骨」），陸續參加了矽谷創業競賽、比翼生醫加速器等，目前正持續改良產品，確定製程，即將進入募資階段，並往前推進到臨床試驗。

　　「現在仍處於創業初期，還有很長的路要走，產品上市最快也要 2024 年以後，」吳孟晃談到，強骨在里程碑上繼續前進，「但這本來就是醫療開發的挑戰，要有營收出現，往往都是好幾

依據生醫設計的流程和方法，吳孟晃團隊設計出椎穩強脊椎穩定系統，可以提升脊椎融合手術的效果，還能大幅降低鄰近節病變。

年以後。」

　　而強骨並非吳孟晃唯一參與的新創團隊。

　　吳孟晃在矽谷遇上在醫材大廠工作的臺灣工程師黃中廷，兩人一拍即合，都想要投入新創，腦力激盪後，鎖定內視鏡手術。

　　這是因為當初判斷內視鏡手術的痛點，在於技術難度高，學習不容易，然而，兩人評估後發現手術訓練模組的市場性不夠，

且已經很多廠商投入競爭行列，後進者沒有任何優勢。

運用 AI，突破內視鏡手術的瓶頸

於是根據生醫設計流程，回頭重新探索需求，「我們退回出發點重新思考，發現內視鏡手術中真正的痛點是遇到出血處理，」吳孟晃談到，「這個過程如果不是用生醫設計這套方法，我們很難抓出真正的問題。」

由於出血使得內視鏡畫面模糊，增加手術難度，兩人轉向要解決這個問題，恰好遇上了光學背景的臺北科技大學電機系副教授張正春，能給予技術端支援。

加上同期接受生醫設計訓練的北醫大生醫加速器執行長，同時也是醫師的陳兆煒，以及美國專利律師戴志成，幾人成立了 Omnisurgica 新創團隊，合作開發智慧脊椎內視鏡，運用 AI 影像分析技術，解析手術即時畫面，突破因出血而遮蔽內視鏡鏡頭的瓶頸，並精準定位出血點，這個技術不僅可以應用在骨科脊椎或關節手術，也可以延伸到婦產科、泌尿科等更複雜的手術，有效降低風險。

同為新創團隊，吳孟晃強烈感受到兩個團隊的不同，「強骨是由創業新人組成，經常會覺得風險大，態度比較小心謹慎；內

視鏡團隊因為成員都具相關經驗，會搶時間、積極利用資源，更加追求速度與效率。不過都從生醫設計的方法出發，兩個團隊極具潛力。」

北醫大用實際行動支持創新

因為北醫大積極鼓勵新創的環境，讓吳孟晃在離開十年後又回來，「這些年，北醫大做了許多創新的變革，加入很多創新元素、跨領域的學習，不只醫療，還有在合作與政策上，」他談到，「北醫大願意用實際行動去支持創新。」

和北醫大致力要讓生醫設計方法在臺灣、北醫大落地生根，吳孟晃和一起前往史丹福大學的陳兆煒、雙和醫院骨科主治醫師陳致宇，組成 TMU 生醫設計 / Taiwan 生醫設計團隊，回國後先在體系內的 3 家醫院招募開辦工作坊，受到了熱烈的回響。吳孟晃發現，「原來，許多學生、醫生、醫護人員，都有創新的想法，但共同的問題都是不知道怎麼實現。」

接著，開辦為期 1 年的生醫設計課程，第一屆的 10 位學員，在參加工作坊後覺得很有興趣，繼續加入了課程，分成 3 個團隊，從臨床場域觀察、探索需求，完全按照生醫設計實作到產出結果。

希望生醫設計的精神和方法，能在臺灣落地生根，除了舉辦工作坊、開設課程，北醫大也籌辦 2023 BME IDEA 會議，促進交流、接軌國際。

　　北醫大進一步成立北醫生醫設計創新中心後，目前開設包括人工智慧、醫學工程、醫學系的人文教育3堂課，吳孟晃指出，「我們希望開發更多人工智慧創新，讓醫工跨領域學習，醫學系早點學習合作，每年也都會開設半年的工作坊，招募有興趣的人投入。」

　　這兩年來，已經培訓70多位成員，育有13個團隊，每屆都有1個團隊會繼續往商品化推進，也有許多團隊持續參加創業競賽，「目前才3年，團隊數目還在成長，希望未來有更多團隊進入加速器，」但吳孟晃並不心急，「通常一個創新中心，要10年才能看到成果，我們就是和學員共同努力推進。」

打造讓新創茁壯的環境

　　每所學校都有自己的創新生態系，擁有截然不同的樣貌，而吳孟晃認為，北醫大最大的優勢，就是具備彈性，例如把商品化規劃中心的SPARK計畫與生醫加速器串接在一起，且積極協助創新團隊募資與國際連結，輔導團隊技能、協助降低產品開發風險等努力，蓄積豐沛的創新能量。

　　也因為對新創的投入，讓北醫大成為少數史丹福大學認可的私立大學亞太區域夥伴，「臺灣醫療創新雖然資源有限，卻有很

> **創造是很有價值的事，**
> **我一直希望用創造來改變世界。**

大的潛力，」吳孟晃指出，希望能夠透過合作平台，讓國際看見臺灣實力，並且與國際連結，進而成為生醫領域上的夥伴，形成聯盟。

走訪矽谷一遭後，吳孟晃深切感受到，因為匯集了各種創新元素，所以新創事業容易在矽谷發芽茁壯，「我們努力讓臺灣出現這種環境，不是只帶來方法，而是一個平台，」吳孟晃也強調，「一定要接軌國際，否則就進不去這個圈子，好想法沒有被看到，就等於什麼都沒有了。」

儘管有完整的方法論，然而從新創團隊到成立公司，再到公司實際營運經營，和教科書上還是有所差異。

人才，一直是吳孟晃在創業中遇到的最大難題。

「就算有錢還是找不到人！人才永遠都是個問題！」吳孟晃感嘆，無論專業經理人或是研發人才，都不好尋覓，「有人之後才有辦法往前推進，但臺灣國際化人才相對少，如果真的打國際

化市場，成員經常會抗拒。」

　　而且當公司要往下一階段邁進時，人才，往往又會再度成為議題，吳孟晃解釋，「當大家都是兼職時並沒有太大問題，但需要有人全職投入時，就會覺得風險過大而形成障礙。」

　　「臺灣的教育，到整體社會氛圍，並不鼓勵大家走創新的路，而是期望安穩，所以要找到好的創新合作夥伴較不容易，」吳孟晃認為，也由於過去對新創培育較少，沒有看到太多成功案例，使得醫療新創讓人更為害怕，多數人都不願意投入，成為惡性循環。

　　相較於國外對於「失敗」的忍受度較高，態度也較坦然，「通常創業要到第三次才會成功，當別人聽我第一次創業，都覺得『喔，加油！』，還有很多東西要學，這就是個過程，」根據吳孟晃觀察，「國外對創業比較沒有這麼害怕，覺得失敗也沒關係，失敗經驗也是有價值的，再重來一次就好。」

抉擇和努力一樣重要

　　對於夢想，吳孟晃非常勇敢努力追求，「生命就是要不斷燃燒、敢作夢，有夢想才會想要努力實現。」

　　始終保持一股熱情與拚勁，但吳孟晃卻不盲目橫衝直撞。

記得一位學長曾經和他談起，「寧願做錯，不願錯過」的人生哲理，但他卻覺得，應該是「寧願多做，不願錯過，抉擇和努力一樣重要」。

　　「抉擇和努力同等重要，」在一路積極追夢的過程中，吳孟晃有了這樣的體悟，「方向要對，努力才有價值，才不會因為總是徒勞無果，耗盡所有熱情。」

創業
關鍵突破

1. 投入骨骼再生創新研究時，與工研院合作，獲得技術與臨床對接經驗。
2. 接受史丹福大學生醫設計課程訓練，學習如何將創新創業歷程系統化。
3. 2022 年 12 月成立強骨生醫，目前進入募資階段，並往前推進到準備查驗登記。
4. 再組新團隊，開發智慧脊椎內視鏡。

我想要
幫助全球女性
不必再忍受
乳房檢查之苦。

第 2 堂課 —— 再難也要撐下去

開發乳癌血檢技術
造福全球女性

愛立基生醫研發長 **林若凱**

Innovator/02

乳癌嚴重威脅全球女性的健康，
　　卻有無數人因為恐懼乳房檢查與穿刺，錯過黃金治療期。
　　切身之痛引領林若凱走出研究室，
開發出第一個進軍國際的乳癌血檢技術。

撰文／林惠君　攝影／黃鼎翔　照片提供／林若凱

　　根據衛福部最新公布的2020年國人癌症登記報告，女性癌症發生率的首位是乳癌；全球女性癌症致死率的首位，也是乳癌。無論國內外，乳癌都嚴重威脅女性健康與生命。

　　早期發現、早期治療，是癌症存活率的主要關鍵，但乳癌囿於諸多限制，導致有些病人發現罹癌時已是晚期，錯失治療的黃金時機，恐懼乳房檢查就是其中一項因素。

　　所幸，臺北醫學大學生藥學研究所教授林若凱與團隊，成功開發「精準血液乳癌檢測技術」，應用於乳癌早期篩檢、乳癌治療成效監測，與復發預測追蹤系統，提供乳癌臨床治療參考。

從熱愛研究到投入創業

　　林若凱團隊從教育部促進大學新創事業的培育計畫、國家科學委員會的育苗專案開始發展，2022年創立愛立基公司，即使經費有限，仍堅持完成精準血液乳癌檢測技術，2023年年初，獲得理念相投的投資人青睞，注入充足的資金，讓研發無後顧之憂。

　　在產業激烈競爭下，林若凱團隊快馬加鞭，這項血檢技術力拚2023年年底通過美國食品藥物管理局（FDA）審查，未來將放眼全球市場，造福廣大女性，讓她們不必再害怕及忍受乳房檢查之苦。

> **走過創業的路才感受到，
> 學習新事物與付諸實踐的能力很重要，
> 跟產業之間要互相學習，
> 尊重彼此的專業。**

　　一頭短髮、總是滿臉笑容的林若凱，不像刻板印象中的學者，跟助理群站在一起，就像是大學姐一般。

　　翻開林若凱的學術之路，從成功大學護理系，一路攻讀師大生命科學博士，取得博士學位後，曾經在成大藥理所、中研院基因體中心擔任博士後研究員，再到北醫大任教，超過20年，都是以表觀基因體的基礎研究為主，扎根甚深。

　　雖然熱愛研究，但林若凱直言，過去在實驗室單純做研究，不會想到這些基礎研究跟人們的實際應用的連結，「研究目的就是發表論文。」

　　引領她從基礎研究投入臨床研究的轉捩點，則是因為自己的親身經驗。

　　身為女性，林若凱完全能體會乳房檢查的切身之痛。她比

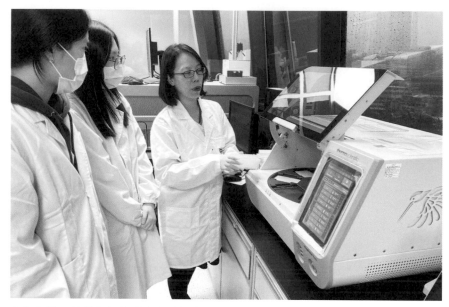

身為女性，林若凱切身體會乳房檢查與穿刺之痛，期許自己研發出抽血檢驗乳房疾病的技術。

喻，乳房攝影就像是用鬆餅機夾住乳房，雖然每家醫院的設備跟儀器不盡相同，每個人對疼痛的耐受程度不一，但幾乎只要提到乳房攝影檢查，總會讓女性朋友卻步。

　　不僅如此，林若凱還曾受乳房穿刺之苦。

　　她在 2015 年間歷經一場嚴重的乳房疾病。當時林若凱的某一側乳房潰爛，疑似是乳癌的徵兆，為了進一步檢查是否為惡性

腫瘤，做了乳房穿刺檢查，沒想到穿刺完一側乳房之後，另一側也開始出現潰爛。

雖然事過境遷，但她心有餘悸的說，穿刺前只做乳房局部麻醉，眼睜睜看著粗大的針穿進乳房，驚恐程度更甚於剖腹生產。

身體的折騰後，緊接的是心理折磨。

由於一週後才能看到檢驗報告，等待的期間，讓一向樂觀、充滿正能量的林若凱也不免胡思亂想，「小孩還小，如果我真得了乳癌的話，怎麼辦？」

切身之痛，萌生研究血檢技術

幸運的是，檢驗的結果是乳腺炎，致病原因是免疫系統產生自體免疫細胞，攻擊正常細胞，導致乳房嚴重潰爛。

雖然鬆了一口氣，但在治療乳腺炎的期間，林若凱發想，「如果能用抽血檢驗乳房疾病，一天可以看到報告，就不必經歷漫長的煎熬。」

另外，她也思考，如果是嚴重乳腺炎導致乳房潰爛，或者是曾動過豐胸手術的病人，也都不適合做乳房攝影或穿刺檢查，因此，更強化她投入抽血檢測乳癌的研究方向。

然而，一開始林若凱就面臨挑戰。她指出，必須透過醫師收

集到大量乳癌病人的血液檢體，才能確定團隊所挑選的生物標記
（biomarker），能否成為乳癌檢測的依據。

她想到之前治療乳腺炎的過程中，感受到時任臺北醫學大學
附設醫院乳房外科主任洪進昇對病人的用心治療和誠懇態度，便
詢問他能否幫忙邀請病人成為受試者。

也因此，2016年開始，林若凱與洪進昇從醫病關係，變成合
作夥伴。

經費有限，先進機器無著落

林若凱團隊的研究方向，是從DNA甲基化分析受檢者是否罹
癌，DNA甲基化是DNA中發生的一種化學修飾，可以改變基因表
達並導致癌症的發展，準確識別癌症的特定甲基化模式。

在教育部大學新創產業計畫扶持下，林若凱團隊獲得為期3
年共1,150萬元的研究經費，接著是科技部的育苗計畫，有800
萬元的挹注等，在研究初期急需經費之際，這些資金就像是久旱
逢甘霖，點點滴滴都彌足珍貴。

「創業最重要的是資金與人才，但在有限經費內，凡事要以
預算為優先考量，」林若凱直指，檢測產業在全球是高度競爭的
產業，比的是誰最敢創新、速度最快、最敢砸錢。

> **因為產業化速度很快，學界思維要改變，
> 如何在既定規則中另闢蹊徑，調整出新方法，
> 而不是直接跳過或放棄。**

　　反觀他們，初期經費有限，錙銖必較，實驗的機器不是租借來的，就是買最便宜的，功能經常不符合需求，只好採取土法煉鋼的方式，在實驗室自己動手改造。

　　林若凱指出，提取血漿中的游離DNA涉及許多複雜步驟，準確度會因不同操作者的技術而異，有些研究助理的手比較穩，技巧很好，能夠呈現最佳精準度；然而，並非所有人都能做到這一點。如果目的是要發表論文，可以選擇技術最為熟練的人員來進行所有的實驗分析；但想將技術商品化，則不能依賴單一人員進行手動檢測。

　　在經費左支右絀下，巧婦也難為無米之炊。直到2018年，林若凱面臨父喪，才有了破釜沉舟的決心。

　　林若凱的父親林健成，是國內知名的蠟像藝術家，曾獲頒十

拿到轉賣父親公司得到的
資金，林若凱首先就是替
實驗室添購檢測儀器。

大傑出青年獎章、日本龍馬歷史館蠟像創作大賞，以及日本世界
名人蠟像創作大賞等殊榮。

　　林健成同時是一位創業家，曾經成立蠟像製作公司，維妙維
肖的作品見諸於國內外博物館。

　　創作無數的林健成於2018年過世後，遺留下最大的資產就
是他用盡心血成立的公司。

　　林若凱深知的父親心願是將自己的藝術傳承下去，但她自知
沒有藝術方面的專業，加上經營團隊也希望她將公司股權全部轉
讓給他們，林若凱只好忍痛捨棄。

　　拿到轉賣父親公司所獲得的資金後，林若凱第一個想到的就
是替實驗室添購檢測儀器。

早期腫瘤異常的DNA剝落於血漿的量非常稀少，因此，想要從血漿中檢測出異常的DNA，檢測的儀器要非常精準，一台起碼要300萬至500萬元。過去，林若凱團隊無力購買，而在有了這一筆資金後問題迎刃而解。

延續父親的創業精神

「雖然不能繼承父親的公司，但我繼承了父親的創業精神，」賣掉父親畢生經營的公司來支撐研究團隊，內心難免有所掙扎，但也是這樣的轉捩點，讓林若凱立下決心，研發一定要成功。

除了購買機器設備需要大筆資金，助理的薪資也是吃重的支出之一。

實驗室至少要有5、6位助理，才能維持正常研究計畫進度，但是助理的薪資偶爾會因為計畫青黃不接，而險些中斷。為此，林若凱曾自掏腰包墊付助理薪資約數十萬元；有一年則由合作夥伴洪進昇支付。

更拮据的是，有陣子不敢主動聯絡廠商，因為沒有錢可以支付儀器費用，最後還是由林若凱先墊付50萬元。

就在這樣捉襟見肘的情況下，最終，林若凱率領團隊歷經3至4年時間，結合美國癌症基因體圖譜（TCGA, The Cancer

Genome Atlas）資料庫及臺灣乳癌病人的全基因體甲基化分析，從45萬個大數據中，篩選出 15 個具有潛力的基因，最終縮小範圍到3個基因。

研究成果，順利取得專利

團隊進一步設計出專利探針，可以在乳癌病人的血漿中測到這3個異常的基因，準確度達到91.5％，轉移的血液追蹤敏感度是95.7％，專一性為90.2％，與現行做為乳癌血液腫瘤標記的CA153 和 CEA的檢測敏感性，僅達 50%、63.3% 相比，敏感度高出很多。

林若凱強調，西方女性乳房較大，脂肪較多，以現行乳房檢查使用的 X 光、超音波就可以發現罹癌；東方女性的乳房緻密性較高，這類的影像專一性最多 6 到 7 成，常出現不確定性，必須再做穿刺檢查才能確診。

這項研究成果，順利取得國內專利，研究團隊也獲得國家新創獎，以及國科會的未來科技獎。

DNA甲基化分析具有幾個優點，首先是可以在罹癌症狀出現之前，高精度檢測到早期癌症；其次，能區分不同類型的癌症，從而更精確的診斷和治療；第三，可以高靈敏的檢測到癌症復

> **檢測產業在全球是高度競爭的產業，**
> **比的是誰最敢創新、**
> **速度最快、最敢砸錢。**

發，及時干預並改善病人預後。

林若凱團隊開發的這項技術，獲得外界關注，有人想要直接購買技術，也有人想投資。

在過程中，最令她傷神的無非是資金問題。但是即使寅吃卯糧，林若凱仍堅持慎選合作對象，因為她從父親的創業經驗中學到一課。

她記憶猶新，父親曾經遇到創業夥伴捲款潛逃，獨留父親被追債。

這段血淋淋的教訓，讓林若凱深知合作夥伴的重要。

對林若凱而言，團隊辛苦多年研發的成果猶如自己的小孩，直接出售技術是絕對不會考慮；至於有意投資者，也要看雙方理念是否相投，以及是否能完成進軍國際市場的目標。

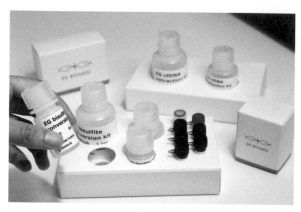

林若凱團隊成功開發精準
血液乳癌檢測技術，應用
於乳癌早期篩檢、乳癌治
療成效監測，與復發預測
追蹤系統。

在2022年初，林若凱與洪進昇各自投入100萬元，加上團隊
內的博士後研究員出資20萬元，共同創立了愛立基生醫公司。

長期在學界，缺乏創業與公司經營的實務經驗，林若凱半開
玩笑的說：「初期，我們像是誤入叢林的小白兔，與廠商合作時
總是擔心碰到大野狼，連跟廠商租借機器做實驗都如臨深淵，戰
戰兢兢。」

找到理念相同的合作夥伴

因此，林若凱感謝北醫大事業發展處的協助，「雖然事業處
沒有創業經驗，但他們與產業接軌，提供許多寶貴意見，讓教授

重視專利權的重要性，甚至解鎖專利，或用專利保護自己，一起學習與成長。」

而後，也在北醫大事業發展處的協助媒合下，林若凱終於遇見了與她理念一致的投資者，於2022年第三季，獲得注資2,200萬元，2023年第一季更進一步增資2,800萬元。這位投資者，也就是現任愛立基生醫的董事長兼執行長沈協聰。

沈協聰是臺北醫學大學藥學系校友，曾經在外商藥廠任職，而後自行創業，目前擁有生醫、醫藥等公司，在國外也擁有許多通路。

林若凱喜歡從事創新研究，寧為雞首，不為牛後，目標是成為第一個進軍國際市場的乳癌血檢技術，造福全球，希望夥伴有國際布局的策略，有相對應治療的藥物與通路，因此，雙方可以說是一拍即合。

幾年前，林若凱一想到資金無著落，就會頭皮發麻。現在，資金到位後，挑戰仍是不斷。

首先是，研發的思維差別。

林若凱指出，在學校，需要有新的研究，但不必顧及實驗的穩定度或其他人如何操作，因為不一定能在產業應用；在產業界，實驗成果必須要有穩定度，換成其他人也可以操作。

第二是時間壓力。在產業上，有商業考量就會有時間壓力，

要快速開發出能實際應用的產品，否則就會失去競爭力，「有理想固然很好，但是如果一定時間內沒辦法實踐，就要放棄！」她指出。

思維轉換，與時間賽跑

舉例來說，在學校如有想研發的主題，可能會發生20年前的研究跟現在相差無幾，或是有一些研究因為沒有時間壓力，一直停留在動物實驗階段。

她強調，基礎研究有其必要性，但要能夠深入到有突破性發展，否則只是為了發表論文。

她以自己為例，想研究開發的主題，包括肺癌、大腸直腸癌等10種癌症的血液檢測技術，若還在學校裡，就可以慢慢做實驗，現在進入產業，就要面臨時間的考驗。

不過，在產業也有好處，以往因經費有限，在國內取得受試者的檢體就需要一段冗長時間，現在，檢體可以直接向國外購買，最快一週即可取得，對於分秒必爭的商場而言，是搶得先機的關鍵。

經歷學界與產業界，讓林若凱的思維有了改變。

曾在學術最高殿堂當過研究員，那時的林若凱也曾以為，

在北醫大事業發展處媒合下，林若凱找到理念一致的投資者沈協聰（前排站立者中），與財務長陳秎君（前排站立者右），共同領導愛立基20位成員，一起朝進軍國際市場的目標邁進。

「學者到外界創業，是不是在學術圈混不下去了？」

現在的她，可不這麼想，因為商場如戰場，面臨的是更多的挑戰。走過創業的路才感受到，學習新事物與付諸實踐的能力很重要，跟產業之間的關係要互相學習，尊重彼此的專業。

商場如戰場，學習產業界的靈活與彈性

更重要的是，學習產業界的靈活與彈性，「學界的思維要改變，因為產業競爭速度很快，如何在既定規則中另闢蹊徑，調整出新方法，而不是直接跳過或放棄，」林若凱強調。

像是申請專利的觀念，如果某些研發已經被申請專利，就要繞過去，因為研究成果要產業化，就必須保護自己的專利，也不能侵犯其他公司的專利。

檢測技術日新月異，為了爭取時效，許多國內醫療檢測器材以取得實驗室開發檢測（LDTs）資格，是較快進入市場變現的途徑；如果是體外診斷醫療器材（IVD）的許可證較為嚴格，申請許可上市，花費時間較久。

愛立基生醫選擇雙管齊下，一方面興建符合標準實驗室，自行做檢測；目前，積極準備文件申請新醫療器材的核可證。另一方面，為放眼國際市場，在體外診斷醫療器材許可證採取的戰略

> **北醫大事業發展處與產業接軌，**
> **　讓教授重視專利權的重要性，甚至解鎖專利，**
> **或用專利保護自己，一起學習與成長。**

是先取得美國 FDA 核可。

目標上市櫃，放眼國際市場

　　林若凱分析，美國是全球性市場，官方對於「新醫療器材」審查嚴謹，其他國家多以美國為馬首是瞻。因此，以先取得美國 FDA 的核可為目標，接下來再申請其他國家的核可證，就會比較順利，目前已經將相關文件送審，力拚今年年底前審查通過。

　　布局專利也是產業化必須面臨的重要議題，除了已經先取得臺灣的專利權，也獲得歐盟核准；在美國，也即將取得專利權；於亞洲國家的日本、新加坡與澳洲，也都在申請中。

　　與此同時，愛立基將成立自己的檢驗診所及ISO15189認證，預計最快在 2024 年年中可以提供檢測服務。

愛立基生醫的目標是2024年第一季興櫃送件，放眼國際資本市場，取得更多資金、加速發展，增強國際競爭力。

10種癌症的血液檢測，即將開花結果

林若凱將眼光放得更遠，未來會持續研究開發多癌種的檢測技術，除了全球專利的布局與註冊，也將成為握有全球專利進行授權的國際大廠。除此之外，愛立基生醫也已經完成澳洲公司註冊，即將在澳洲設據點，期許開發出民眾直接在市面通路上就可以買到的試劑，讓檢測成為健康生活的日常。

身為研發長，林若凱另一個要務是爭取時間，以乳癌的血檢為複製模式，研發出包括大腸癌、胃癌、肺癌、食道癌、肝癌、膽道癌、攝護腺癌、卵巢癌、子宮頸癌、子宮內膜癌等10個癌症的血液檢測，預計2023年年底能開花結果。

當年，林若凱從成大護理系畢業，師長在授冠典禮時為畢業生點燭引光，提醒他們替自己增添滿滿的能量，並且不斷學習新知識，也意味著「燃燒自己，照亮別人。」

雖然林若凱之後並未投入第一線的護理工作，但也為了守護更多生命而努力研發，同樣造福許多人。這一切的成果，林若凱謙遜的說：「不只是要努力，也要有神助。」

事實證明，有了她的堅持，自助方能有天助，才能有機會讓
臺灣的血檢技術，站上國際舞臺。

創業
關鍵突破

1. 治療乳腺炎的期間，發想用抽血檢驗乳房疾病。
2. 以用 DNA 甲基化變異，精準揪出乳癌蹤跡。
3. 獲得國家新創獎及國科會未來科技獎。
4. 找到理念相投的投資人，於 2022 年增資至 3,200
   萬元，2023 年初增資至 6,000 萬元。

第3堂課 —— 用不同方法解決問題

早覺預防照護
讓未來醫療付得起

醫智健康科技創辦人 **李友專**

Innovator/03

投入創業後，讓李友專深刻體會到，
　醫療新創成功的關鍵，在於由醫療人員從使用者角度切入、主導，
　並搭配熟悉資訊及商業的人才，
才可能解決產業知識落差，提高新創事業成功的機率。

撰文／陳培思　攝影／黃鼎翔　照片提供／臺北醫學大學

我想運用
醫療大數據，
擴大 AI 在預防
疾病上的應用。

63

　　早從1991年開始，臺北醫學大學醫學資訊研究所特聘教授李友專就不斷研究，嘗試將AI擴大應用於醫療。

　　身處AI時代，醫療模式應該逐漸從過往的疾病治療，更往前進化到精準的預防醫療。李友專認為，「將AI應用於疾病預防更為更重要，透過大數據，能提供更準確、即時、個人化、可執行的醫療決策。」

　　「臺灣擁有完善的健保資料庫與電子病歷醫療大數據，如果透過AI及機器學習，妥善運用這些資料數據，就能擴大AI在預防疾病上的應用，」李友專進一步說明。

　　不僅致力於研究，他更積極投入實際落地應用，以北醫大新創能量為推進器，成立醫守科技、醫智科技，現在，更準備著手投入第三家新創公司，鎖定在癌症等重大疾病的預測。

醫療資源嚴重透支的危機

　　「我夢到有一天當我需要健保時，但健保卻倒了！」李友專醒來後仍然心有餘悸。

　　身為第一線醫師，他看到醫療金額持續攀升帶來的隱憂。

　　由於人類社會老化，醫療需求不斷成長，李友專語重心長指出，「醫療費用隨著年齡呈倍數成長，在65歲前後的差別，高達

> **要找到具有價值的題目，
> 只在學術領域鑽研是不夠的，
> 必須對現實世界有所了解。**

了300倍。」

1995年健保剛起步時，一年醫療總額約1,500億元，但隨著醫療進步，新藥、設備、治療更加昂貴，需求愈來愈多，現在一年醫療金額已經超過了9,000億元。

面對醫療資源嚴重透支，李友專發現不管如何「節省」，都成效不彰。

「即使把藥品換成學名藥等，整體金額還是省不下來，」他深切感受到，醫療費用居高不下，終究會導致國家或人民都無法負擔。

「如果所有疾病都拖到最後一刻，治療費用就會很高，且病人可能失去生產力、生活品質不佳，家庭必須負擔沉重的照護成本，是皆輸的狀態，」李友專思來想去，「唯一可能稍微解決的辦法，是在早期就把疾病阻止。」

　　癌症第四期費用可能是第二期醫療費用的100倍，假使能把每位病人都往前一期，病人不但能維持生活品質，甚至有機會保有生產力，家屬也能減輕照護負擔。李友專認為，關鍵就在於必須及早，「及早發現、及早治療，醫療應該投資在『提早』這件事。」

　　有鑑於此，李友專提出「早覺醫療」（Earlier Medicine）的概念，以AI預測健康惡兆，早覺預防照護，能有效避免龐大醫療資源與金錢耗費。

AI，能讓最少費用產生最大效益

　　「透過大數據把風險個別化計算，即可省去不必要的浪費，」他強調，醫療現場若能好好運用AI，就不會有付不起的醫療大未來。

　　現有的預防醫學，無法準確找出病因，李友專認為，反而容易造成浪費，「為了抓到一個肺癌患者，平均要做180萬元的電腦斷層，但如果加上AI引擎，只要四分之一的費用。」

　　「2,300萬人應該有2,300萬種預防方法，」李友專解釋，真正的精準預防，應該預先把個人罹病風險統計出來，量身訂做預防方式，「每個人都根據自己的大數據，什麼時候該做什麼樣的

在皮膚疾病中，致命的黑色素細胞癌，癌前病變切除只要一、兩千元，後期標靶治療卻得花費上百萬元，有感於此，李友專（中）和團隊開發出「痣能達人」App，協助民眾辨別早期痣變異。

預防檢查，不亂槍打鳥，費用就能降低。」

　　多年看診經驗，李友專發現病人直到最後一刻才就醫，或是頻頻跑醫院，這兩種情況都會造成醫療資源浪費，在臺灣一年高達3億就醫人次中，其實有一至兩成透過遠距醫療諮詢，就可以解決問題。

把 AI 工具交到民眾手裡，協助判斷該立即就診或是再觀察，可有效降低醫療資源的浪費。

　　「很多醫療工具都鎖定醫師或醫院，但如果能把 AI 工具交到民眾手裡，協助民眾分辨什麼時候該就診、什麼時候可以再等等，就能以最少費用產生最大效果，」李友專希望運用科技，讓醫療觸手可及。

　　有了這個構思，李友專從自身皮膚科領域中的「看痣」著手。

　　在皮膚疾病中，最為致命的就是黑色素細胞癌，占皮膚癌

死亡病例一半以上，李友專指出，「癌前病變切除只要一、兩千元，但後期標靶治療就是上百萬元，甚至第四期黑色素細胞瘤的五年存活率，只有15%，所以早期發現、早期治療至關重要。」

然而，在一般人眼中，病灶和一般的痣看起來並無不同，民眾面對身上的痣是否需要就醫，經常感到糾結。

醫師跨界新創，從自身專業領域著手

李友專帶領團隊，開發出 AI 技術「痣能達人」來解決這個難題。民眾拍下痣的照片上傳後，AI 資料庫模擬專業皮膚科醫師的判斷流程，協助使用者在一分鐘之內判斷痣的變化風險，整體演算法正確率已經達93%，能有效協助民眾辨別就醫必要性。

「痣能達人」這樣的創新工具，催生了醫智科技，成為臺北醫學大學第一間以醫學人工智慧為主軸的衍生新創公司。

從2018年「痣能達人」服務上線後，目前累積使用已經超過10萬人次，其中，不乏成功找到了早期痣變異的患者。

團隊又陸續推出檢測青春痘感染惡化風險的「痘痘達人」、檢測指甲病變風險的「指甲達人」等服務；兩年前，更進一步整合遠距醫療諮詢與 AI 產品，在官方帳號中，就可以使用「痣、痘痘、指甲」AI 檢測，還能線上直接預約諮詢專科醫師。

而醫智並非李友專投入的唯一一家新創公司。

5年前，李友專發現，隨著醫療愈來愈複雜與人口高齡化，再加上全球性的醫療血汗問題，每天有愈來愈多的醫療錯誤產生，「以前只要處理100種藥，現在有1,000種藥，過去開刀只有10種方式，現在卻有1,000種方式，而且高齡的病人往往身上都有7、8種病，用藥非常複雜，在在都可能產生醫療錯誤。」

其中，超過一半錯誤都發生在開立處方時。由於藥物品項倍增，許多藥物名稱相似，卻對應完全不同的適應症，導致醫生可能開錯藥物，影響病人安全。

AI 還能協助偵錯，提高醫療效率

「既然我們有AI在手，就該用創新的方式解決用藥錯誤這個全球性的問題，」李友專帶領團隊把成千上萬筆的處方箋資訊，透過AI機器學習後，建立「AI系統判讀用藥安全」，偵測判讀醫師處方的適當性及正確性。

2019年，李友專和團隊以「藥御守」（RxPrime）創立醫守，協助醫師找出可能開錯的藥物，並提供處方修改建議，改善用藥安全，不僅在萬芳醫院實際運用，還進軍美國市場並嶄露頭角。

根據醫守、北醫大與美國哈佛醫學院共同執行跨國臨床研

究，證明藥御守準確率高達85%，「利用AI方法確實可以擋下相當多的錯誤，」李友專強調，不僅提高病人用藥安全，也能有效降低醫院因為開錯藥而付出的額外成本。

而醫守也從起初的AI協助用藥偵錯，進一步把產品主軸從「用藥」擴展為「診斷」，推出「好完診」（DxPrime），藉由AI抓出病歷缺漏，獲得市場不錯的反應。

「醫守一開始是為了用藥錯誤，但我們發現在醫療現場，例如高血鉀、低血鈉情況，儘管第一線醫護人員知道，卻往往沒有記載到病歷中，」李友專談到，由於病歷不完整，也會產生保險給付問題，例如病人住院時，沒有記錄嚴重感染，卻記錄使用強效抗生素，保險公司會認為醫院給了不該給的藥物，影響費用核退，造成病人與醫院的額外損失。

「我們想到，用藥錯誤的機率模型，也能擴大轉化用來偵測

過往受限於缺乏商業思維，李友專（中）和團隊成員（左起）王沛恩、魏銘深刻體
認到，創業過程如果只靠醫療人員單打獨鬥，很容易陣亡。

疏漏診斷，」醫守團隊推出的「好完診」，能主動分析病歷差異，即時回饋可能遺漏、不足或不明確的診斷紀錄，從源頭促進診斷紀錄與資訊溝通即時正確，減少醫師與病歷改善小組或疾病分類師事後來回修改、確認，提高溝通品質與整體作業效率。

創業者的關鍵挑戰

連續投入兩家新創，李友專發現，只有產品好還不夠，如何讓使用者願意掏腰包，也就是「找到願意付費的人」，才是最關鍵的考驗。

「很多人都不知道，麥當勞最大的收入來源，其實不是賣漢堡，而是取得土地或房屋的產權後，再轉租給加盟商，換句話說，它的獲利模式更像一間地產公司，又例如Google做為搜尋引擎龍頭，但主要收入來源可以說是廣告，」李友專強調，找尋合適的商業獲利模式，無疑是最艱鉅且關鍵的挑戰。

有價值不一定能全數轉換成商用價值，醫智科技執行長魏銘無奈的說：「前期的消費者問卷調查中，往往都會收到很好的回饋，但轉換成實際付費後，卻會有一段很大的落差。」

醫智是目前少數B2C醫療AI公司，儘管立意良好，但實際運作卻遇到難題，李友專指出，「使用者對於預防的付費意願很

低，就算是一次只要掏出十塊錢都有難度。」

於是，醫智重新調整方向，開發遠距醫療平台，提供海外或偏遠的醫療諮詢，由臺灣醫師遠距看診，給予居家護理與用藥建議，民眾可直接到鄰近藥局購買非處方用藥。

隨著新冠疫情嚴峻，醫智提供的線上醫療諮詢操作簡單便利，諮詢15分鐘30美元，獲得了不少客戶，然而，這樣的模式也遇到了兩個問題：當必須使用處方用藥，以及需要更進階的治療或手術時，仍得回歸到專科醫師。

「這使得我們儘管有營收、有用戶，卻仍無法達到投資方認可的商用價值，」魏銘談到。

於是團隊再度重新定位，把目光轉到企業，搭載遠距諮詢系統，替企業用戶提供員工醫療諮詢，終於，這樣的模式在2022年年初，讓醫智獲得投資方認可，成功取得第二輪資金。

克服現實與理想的落差

而醫守也同樣在經營過程中，遭遇了獲利模式的挑戰。

李友專談到，「過去我們一廂情願覺得用藥錯誤是最大的問題，偵錯工具必然受到歡迎，然而，市場規模並沒有達到投資方預期，迫使我們重新換個角度切入，於是衍生出診斷疏漏，才順

靈活嘗試不同的路徑，遇到挑戰，就換個角度重新切入，李友專順利開創全新商機。

利開創了新商機。」

「錢永遠是最困難的，」李友專坦言，醫療領域多數關注都會放在新藥開發上，因為是可預期的市場，而其他類型的醫療新創，要爭取到早期投資非常困難。

「真金白銀，投資是非常現實的，沒有寬容性，不是只要談論構想或產品好壞，重點是能不能獲利、如何獲利？」李友專解釋，在每一輪的投資中，每筆經費都得做最有效的運用，燒完這些錢要能產生新的價值，這些價值還要可以轉換成股價，才能繼

" 只有產品好並不足夠，
　　　如何讓使用者願意掏腰包，
才是最關鍵的考驗。 "

續吸引新的一輪投資，「必須一波接著一波，才能維持公司繼續運作。」

剛開始創業時，李友專並不太會自我推銷，但經過這些年歷練，他已經更能站在投資者角度思考，理解對方所需，「就算點子再好，投資方也不可能把錢投入一個有問題的產品或團隊，」因此，現在他談論到自身缺點時，也會一併提供未來的解決方案，以說服投資者。

「不能只用自己的角度看問題，」李友專有感而發，在學術研究裡，並不需要考量使用者或投資者，然而，拉到公司經營上，使用者的需求、投資方的想法，才是商業價值所在。

隨著跨入經營的領域，總是會發現意想不到的問題。

例如，剛開始以為的使用者，是真正掏腰包的使用者嗎？

李友專表示，「我們認為的往往和現實有很大差距，例如醫院開立處方的是醫師，但事實上採購卻在藥劑部門，而且除了要捉摸採購人員的想法，還要考量經營高層的想法，有各種瑣碎的細節。」

拿捏創新性與可行性的平衡

現實世界中和學術假設的完美狀態，有著一定的落差，使得「理論上可行」的想法，在現實世界中屢屢碰壁。

醫守最早的資料庫是以臺灣大數據去計算，本來以為醫學應該放諸四海皆準，事實上，到美國卻行不通。李友專解釋，「醫療有區域性的問題，美國的處方用藥習慣跟臺灣不同，因此影響了機率模型。」

又例如目前全球疾病分到最細程度的編碼為七碼，但事實上，臺灣常常只用四碼或三碼，「學術研究時沒有使用者的變項，都是理論上最完美的狀態，」李友專指出，現實世界中卻會因為使用者的行為，大大影響了可行性。

進到實際的應用，更經常會發現，「竟然還有這種問題？」

「有人把魚身上的黑斑拍起來，上傳到『痣能達人』檢驗，這是我們從來不會想到的狀況，」李友專啼笑皆非的說，但也因

李友專（左2）和團隊開發「藥御守」，協助醫師找出可能開錯的藥物，並提供處方修改建議以改善用藥安全，不僅在萬芳醫院實際運用，還進軍美國市場。

此增設了一道除錯方法，能有效排除人體皮膚以外的斑點。

「通常研究者都從自身的興趣出發，忽略去思考題目的研究價值，甚至會天真的認為，反正做出來一定會有用，先不管要怎麼用，」李友專表示，應該要改正這種想法。

一個值得長期專注的研究題目，應該要具備三個指標：價值

性高、創新性高，且可行性高。

　　李友專解釋，要如何取得平衡點，必須拿捏得當：「通常創新性很強，可行性就會一直下降，如果根本做不到，那只是空中樓閣，然而假使創新性不足，太過簡單就沒有進入門檻，很快就會被複製甚至取代，失去競爭力。」

　　「研究題目時，必須要能回答：打通了什麼關節，下一關我們要去哪？」他強調，新創事業的每一步都要有所依據，而非隨心所欲。

　　「能不能用在解決真實的問題上，並且有人願意為此付費，」李友專表示，如果想落地到現實世界應用，在前端就該一併思考這些問題。

　　而要找到具有價值的題目，只在學術領域鑽研是不夠的，必須對現實世界有所了解。

　　他以最常使用的抗生素盤尼西林為例。

　　「雖然弗萊明是發現青黴素的人，但他當時只是發表了一篇研究報告，這也是許多學者會止步的階段，直到幾年後，牛津大學的兩位學者，才延伸弗萊明的研究，改善了抗生素提取，拯救數以百萬的生命，」李友專指出，「具備接軌現實世界的眼光，是相當重要的。」

　　而接軌現實世界，重點在於懂得如何應用，而不是學科的問

題。「電子商務中被廣泛應用的 RSA 加密演算法，就是來自於數學家的質因數分解，」李友專解釋，「沒有所謂冷門學科，而是你有沒有這麼靈活，知不知道世界上這麼多的問題，可以嘗試一條完全不同的路徑，採用創新的解法。」

北醫大生醫加速器的協助

公司經營必須經常面對不同領域的人，彼此要能溝通對話，李友專認為，即使自己跨足醫療和資訊領域，具備一定程度的跨領域思維，卻仍遠遠不夠，「經過這些年來創業的摸索，才讓我開始比較理解產業界在想什麼。」

「醫療產業有很多隱性知識，必須親身經歷，才能了解醫療院所的整個生態模式，」因此，李友專表示，醫療新創能否成功，其中關鍵在於新創團隊必須由醫療人員主導，才能從使用者的角度切入，真正對接滿足需求。

然而，受限於缺乏商業思維，如果只靠醫療人員單打獨鬥，往往很容易陣亡，必須搭配資訊及產業人才跨領域合作，才可能讓新創轉換成在現實世界可運行的方案。

「以醫療人員為主導，透過加速器導入熟悉商業及產業的夥伴，」李友專強調，這種方式可以解決產業知識落差的問題，提

高新創事業成功的機率。

　　醫守科技、醫智科技能站穩腳步，就是得力於北醫大生醫加速器協助募資、輔導團隊技能，加速研究成果商品化並鏈結國際生態圈，使得新創團隊獲取了萌芽階段的所需養分，才能跨過創業初期的死亡之谷，朝下一階段邁進。

創業
關鍵突破

1. 開發「痣能達人」，成立醫智科技，幫助找到早期痣變異患者。後續推出「痘痘達人」、「指甲達人」服務，整合遠距醫療諮詢與**AI**產品，使用**AI**檢測後，能線上直接預約諮詢專科醫師。

2. 建立判讀用藥安全的**AI**系統「藥御守」，可偵測醫師處方的適當性及正確性，成立醫守科技。

3. 醫智把目標消費者從個人轉到企業，並搭載遠距諮詢系統，替企業用戶提供員工醫療諮詢，而獲得投資方認可，成功取得第二輪資金。

4. 醫守轉化用藥錯誤的機率模型，偵測疏漏診斷，推出「好完診」，能主動分析病歷差異，即時回饋可能遺漏、不足或不明確，開創新商機。

第4堂課 —— 勇敢抓住創業的契機

獨創
抗癌武裝型 T 細胞

賽昂生醫執行長 **莊國祥**

Innovator
04

研發不用病毒基因改造的武裝型T細胞，
　　莊國祥團隊為癌症治療帶來新的曙光，
　在專家的幫助之下，
賽昂生醫即將跨過新藥開發的死亡之谷。

撰文／陳培思　攝影／黃鼎翔　照片提供／莊國祥、臺北醫學大學

我希望
團隊研發的
武裝型T細胞,
可以進入臨床,
拯救癌症病患。

T細胞是淋巴細胞的一種，在人體遭受病毒或外來入侵物攻擊時，就會執行抵禦和作戰任務。

賽昂生醫獨創的雙功能抗體武裝T細胞（Armed-T）技術平台，為癌症治療帶來了新的曙光，可應用於多種腫瘤治療；目前將進入臨床一期試驗的產品CTA-02，甚至能攻克現今無藥可醫的EGFR（Epidermal Growth Factor Receptor，即「表皮生長因子受體」，若其異常活化或突變，可能導致腫瘤形成或生長）下游突變大腸直腸癌，有望挑戰當前腫瘤免疫治療最熱門的CAR-T（Chimeric Antigen Receptor T Cell）療法的地位。

「我們發現這個技術真的可以救人，希望能進入臨床拯救癌症病患，」臺北醫學大學生醫所教授莊國祥指出。

只因為這樣一個共同純粹的夢想及初衷，莊國祥帶領著陳易柔、陳挺宇、吳彤芸、王昌弘、陳哲毅這群博士，在北醫大支持下成立了賽昂生醫，一起投入創業。

從構思、設計、研究一路推進到人體試驗階段，賽昂生醫執行長莊國祥回首這10年，「我們終於快要跨過新藥開發的死亡之谷了，這是很艱苦的一段路。」

時間回到10年前，「2012年，CAR-T細胞療法問世，那是一種用病毒進行過基因改造的T細胞，治療血癌病患的效果令人驚豔。但卻存在病毒會破壞T細胞基因的風險。」當時，莊國祥和

實驗室團隊就開始思考，有沒有別的方法，可以不使用病毒或基因改造技術，就能製造出類似CAR-T，這種具備專一性攻擊腫瘤的T細胞？

讓T細胞穿上專屬裝甲，對抗腫瘤

由於莊國祥的碩博士都在高雄醫學大學攻讀，師承抗體大師級教授鄭添祿，自身研究抗體的豐富經驗，讓他聯想到：也許可以從雙功能抗體切入。

團隊從這個角度著手，成功開發雙功能抗體培育腫瘤專一性T細胞技術平台，為日後成立賽昂生醫拉開序幕。

「CAR-T是基因改造過的T細胞，就像《X戰警》電影中的金鋼狼，會從身體（T細胞內）長出武器（CAR）來辨認並攻擊腫瘤；Armed-T則是細胞穿上一套專屬抗癌裝甲（即雙功能抗體），讓T細胞直接穿上裝甲，同樣能有效辨識並攻擊腫瘤，」莊國祥解釋。

「雙功能抗體等於有兩隻手，我們讓一隻手去抓要攻擊的腫瘤目標，另外一隻手則去抓住T細胞，」莊國祥團隊的做法，是從病人體內分離出白血球，把獨特設計的雙功能抗體跟白血球在體外培養10天之後，T細胞就能放大百倍數量，並全部武裝上雙

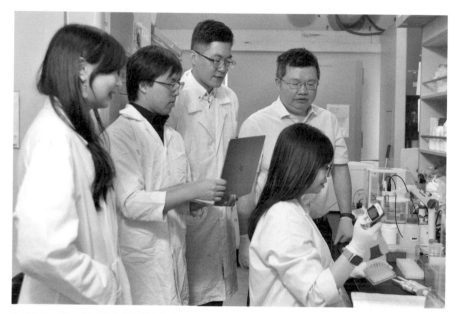

從研究一路推進到人體試驗階段，賽昂生醫終於快要跨過新藥開發的死亡之谷。

功能抗體，再施打回到患者體內鎖定攻擊惡性腫瘤。

效果更佳、安全性更高的解方

　　莊國祥更進一步分析：相較於CAR-T藉由病毒改造T細胞，必須在高規格的P2+級負壓GTP實驗室方可製備，且要花上近30天時間的製造與品管流程，由於步驟繁瑣、場域設備昂貴，大幅

拉高CAR-T的產品價格,多數病人無力負擔。

「我們研發的Armed-T細胞,完全不用任何病毒或基因改造,只要一個步驟培養,即可製備完成,」莊國祥表示,由於Armed-T細胞的最大優點就是不用病毒,所以只要P1級GTP實驗室就可以製造,速度、安全性、費用都優於病毒基因改造的CAR-T。

莊國祥帶領團隊,從2013年開始著手研究,直到2017、2018年間,終於開發出CTA-01至04等多種Armed-T細胞,並且在不同癌症腫瘤的小鼠實驗中,陸續看到突破性的治療成效。

在EGFR下游突變大腸直腸癌的治療研究,CTA-02 Armed-T細胞進入實驗小鼠體內,可以快速聚集到腫瘤區進行攻擊,不但抑制了腫瘤繼續增長,甚至造成腫瘤萎縮。

「從細胞實驗的縮時攝影記錄影片可以看到,只要8個鐘頭,Armed-T細胞就能快速標靶並殺光了所有癌細胞,這是讓我們非常振奮的一刻!」莊國祥雀躍的分享。

在B細胞血癌治療研究,仰賴傳統T細胞治療的實驗老鼠,血癌細胞仍侵蝕到骨頭,很快就造成後肢癱瘓,並在15天後死亡,而由CTA-01 Armed-T細胞治療的老鼠卻能長期保持健康。

在乳癌治療研究,乳腺癌腫瘤老鼠在50天左右,乳癌細胞便會擴散至全身臟器,長滿惡性腫瘤;而CTA-04 Armed-T細胞治

團隊成員都是學術背景，做研究很在行，產業經驗值卻是零。莊國祥（左）形容，對只有研究背景的人來說，投入創業，就像是把淡水魚丟進海水裡。

療的乳腺癌老鼠，身上並沒有明顯的腫瘤轉移現象。

「Armed-T 技術平台所使用的雙功能抗體是可以任意改造的，抓腫瘤的那隻手，可以更換成不同的抗癌抗體，就可以製造出不同抗癌功能的雙功能抗體裝甲，讓 T 細胞穿上不同的裝甲就能攻擊不同的腫瘤，就像鋼鐵人能換穿多套裝甲，」莊國祥談到。

「我們很欣喜，認為這個產品真的有機會救人！」研究成果讓團隊懷抱了無比的希望。

然而，團隊大為振奮的實驗結果，卻沒有得到國際藥廠同等

熱切的回應。

當理想遇上現實，熱情被潑了冷水

當團隊向藥廠展示研究成果，希望藥廠技轉或合作，繼續研發，有朝一日可以上臨床救治癌症病患，然而，他們的熱情很快就被潑了冷水。

「還沒進入產業之前，會有不切實際的想像，認為技術很好，動物實驗都驗證了，專利布局相當不錯，藥廠看過之後應該有興趣承接或共同合作開發，」莊國祥回想，剛開始的想法太過天真，儘管國際藥廠也都認為這項技術很有潛力，專利價值很高，但仍抱持觀望態度，希望看到早期人體試驗的數據，才願意投入資源，「簡單來說，國際大藥廠並不願意在這麼早期的階段就進行投資合作。」

「開發藥物需要很大筆的資金，由於當時的團隊成員都是學術背景，還沒有能力把這項技術推上臨床，所以才會希望透過國際藥廠技轉或是合作，」團隊成員陳挺宇談到，「但在過程中卻產生矛盾，沒有錢就無法往下一步前進，但沒有下一步成果，投資者又不願意投資錢。」

如此一來，陷入了「雞生蛋、蛋生雞」的困境。

　　團隊沒有足夠資源可以進入人體試驗，才希望由藥廠挹注接手，然而藥廠又希望看到人體試驗數據才願意接手，成為一道無解的難題。

　　「這項技術真的可以救人！」抱持這樣的信念，團隊仍不放棄，想盡辦法要推上臨床。

　　於是，團隊開始萌發了「自己動手做」的念頭。

　　「但在2017年時，其實對未來走向還是很模糊，剛開始團隊也沒有明確要成立公司的想法，」莊國祥指出，了解藥廠想法之後，由於還缺少把藥品做到接近人體試驗的階段，只是希望嘗試透過國家資源，參與新創計畫，完成臨床前的那一段路程。

　　「都是學術背景的我們，研究雖然很在行，但對於如何把新藥推上臨床這一段路，對產業的經驗值是零，」莊國祥苦笑著形容，「投入創業，對我們科學研究背景的人來說，就像是把淡水魚丟進海水裡。」

參與新創計劃，業師補足關鍵助力

　　然而，陳桂恒、湯竣鈞、謝志鴻3位專家的出現，帶來了新的契機。

　　由於團隊參與教育部的RSC創新創業計劃，遇到了3位業

> **投入創業，**
> **對我們科學研究背景的人來說，**
> **就像是把淡水魚丟進海水裡。**

師：陳桂恒曾任美國 FDA 高階主管；湯竣鈞是新藥方面專家，也是相關投資的高階經理人；謝志鴻是幫助過多家新創公司在美國或臺灣上市櫃的天使投資人，在公司股權架構設計或是商業談判上，都是沙場老將。

有了業師的加入，完備了陣容，補齊莊國祥等人對產業經驗較不足的缺口，成為團隊能持續把這一項技術推向臨床的關鍵助力。

「陳桂恒老師、湯竣鈞老師都是推動新藥進入臨床、甚至上市的行家，能具體教我們如何把產品做好，做正確，才能上臨床，」莊國祥說，「一剛開始募資，都是謝志鴻博士親自帶著我們到處找投資人，只要有合適的人脈，他都會介紹，包括後期商業談判過程裡，在你來我往中必須要守住哪些部分，也會幫忙審查合約，注意是不是有陷阱，提醒我們要注意什麼內容。」

莊國祥（中）和團隊成員（左起）陳哲毅、黃襦嫻、陳易柔、陳挺宇、吳彤芸、林姿君深刻體會，商業思維的概念和做研究截然不同。

莊國祥強調，「有業師們的幫助，才讓我們有信心成立公司，開始做下去，」於是，2020年賽昂生醫正式成立。

實際創業以後，莊國祥日夜煩惱的都是錢。

「我專長是學術研究，商業這一塊仍是素人，」對商業經驗有限的莊國祥來說，募資是全新且嚴峻的挑戰，隨著公司股價不斷拉高，每次要找下一輪的投資，難度又會比前一輪更高。

初出茅廬的團隊，不僅讓國際藥廠態度有所保留，募資時也面臨同樣問題：儘管有扎實的研究基礎和成果，仍沒辦法在短期內獲得大型投資單位的信任。

賽昂剛成立之時，除了莊國祥是現任教授，其他全都是剛畢業不久的學生，「團隊中沒有成名的學術權威做為背書，別人也會懷疑這項技術成熟度是否足夠，」即便做了很多驗證，但還是無法突破，莊國祥無奈的說，「在早期募資時，儘管大家都會覺得很不錯，但都還需要時間來觀察。」

要申請臨床人體試驗前，必須完成藥品的GMP製備，以及大型動物的安全性試驗，「這是最燒錢的一段，也就是開發新藥所說的死亡之谷，因為這個時期看不到價值，很多藥物開發走到這裡就停滯了，」莊國祥談到藥物開發最困難的階段，「最大的問題就是錢，要完成GMP製程和大型動物安全性試驗，推進到臨床試驗，大約需要兩億元的資金。」

對許多投資人而言，要能看到價值，是在取得臨床試驗許可階段，再往前，即使GMP製程或安全性做得再好，往往也沒辦法有效吸引投資，因為距離回收還太遙遠，莊國祥也不諱言，「我們這種學術背景出身的團隊，投資方總是會懷疑你真的懂這一塊嗎？這始終在他們心裡打上一個問號。」

用行動解除投資方的疑慮

面對投資方的疑慮，賽昂團隊選擇用行動證明。

「我們的做法就是訂下里程碑，讓他們知道這段時間我們做了什麼，未來3年預計要完成哪些項目，」每半年，莊國祥就會向投資人更新資訊，交出成績單，「我們甚至提前達標，讓他們知道賽昂是值得投資的團隊，說到做到，也讓他們有信心，相信我們能推進到下一階段。」

歷經了兩年的觀察期，賽昂終於取得了8,400萬元的大額投資，莊國祥強調，「這是一筆很重要的資金，讓我們有足夠本錢去申請臨床試驗，在美國及臺灣正式進行人體實驗。」

雖然這筆資金確立公司可以跨入人體試驗，但如果沒有初期的天使投資人，根本走不到這一步。

「在初期，願意投資我們的天使投資人，真的都是天使，」

> **"** 創業，永遠沒有準備好的那一刻，
>   當有業界專家願意伸出援手教我們，
>   如果沒有及時抓住機會，
>   可能就會失去這輩子唯一一次機會。 **"**

莊國祥有感而發，更是由衷的感謝，「他們承擔的風險是最高的，單純相信我們團隊可以做到，用個人的錢來支持我們，雖然金額有限，都是1百萬、2百萬，但也陸續湊足了4千萬元，幫助我們走過前兩年的路，」正因為有這些彌足珍貴的資金，團隊才能繼續跨過一個又一個里程碑，進而吸引更大的投資者。

「產業中真的有太多我們根本不知道的事存在，」莊國祥由衷感謝有好老師來指導團隊，「我們真的非常幸運，能遇上這塊領域的專家，願意跳下來指導我們做，而這3位老師也都是我們第一輪的天使投資人。」

莊國祥和他帶領的團隊成員，在這過程中深刻體會到，學術與產業存在著巨大的差異，商業思維的概念和做研究截然不同。

「學術研究從單一題目出發，研究進行過程中，發散出更多

更深入探討的議題，能讓研究更全面、更接近真理，」然而，團隊成員王昌弘踏入產業界後，最能感受到是成本、時間與效益的取捨，「產品從實驗室到上市，一個決定可以讓原本 98% 完美的產品，變成 99% 完美的產品，但需要花 10 年時間，就必須回過頭來想，98% 完美的產品可不可以接受？」

一群淡水魚合力勇闖大海

「許多事情都牽動到商業策略，不能只是按照自己的想法走，必須考量長遠布局，跟學術研究完全不一樣，」另一位成員陳易柔舉例，儘管這些年來已經有諸多具體的實驗成果與數據，但因為考量到全球專利布局，團隊遲遲沒有發表學術論文，直到近期，研究結果才終於得以刊登在知名國際期刊上。

學術研究鼓勵更創新、更好的方法，但工業化製程要求高度的一致性和精準度，任何一個環節都不能任意修改，如果製程不一致，未來就無法進入臨床，陳易柔指出，「即使有更好的方法可以加速製程，但如果修改其中任何步驟，就前功盡棄，必須全部重來，重新做驗證，會變得非常困難。」

而在新藥開發上，專利布局是相當重要且複雜的一環，賽昂生醫身為北醫大的衍生新創公司，好在有北醫大的協助，才能在

> **創業要單打獨鬥是天方夜譚，一個人根本走不快，必須有團隊分工合作。**

初期就完備了專利布局。

大自專利布局，小到會議紀錄，創業過程中，有不勝枚舉的細節需要學習。

「陳桂恒老師甚至教我們怎麼寫正式的會議紀錄，這些細節，如果沒有人帶著我們，是怎麼樣也想不到的，」陳挺宇表示，「公司營運有很多需要學習，愈早學愈好，這些累積也會讓投資人看見我們在經營上的進步，對我們未來繼續取得下一輪投資，很有幫助。」

不同於科學領域天馬行空，很多想法都裝在研究者自己腦袋裡，研究過程往往只有實驗筆記，但業師陳桂恒在賽昂成立公司之初，就叮囑他們必須及早建立文件系統。

「陳老師教我們很重要的一點就是，必須把所有的想法、資料，全部文件化，把研究成果轉換成正式公司文件，」陳昜柔談

莊國祥（前排中）認為，團隊成員們都具有可塑性、肯吃苦，才能吸引3位業師陳桂恒（前排左1）、湯竣鈞（後方螢幕中）、謝志鴻（前排右1）投入幫助。

到，未來申請臨床試驗時，送FDA審查需要鉅細靡遺的資料，把所有資料文件化，都是為了以後必要的準備。

從大學時期一路參與的成員陳哲毅，很期待接下來的人體試驗，「過去的臨床經驗，讓我體會到幫助病患及他們家庭的使命

感和成就感，而這項技術能真正應用，感覺已經近在眼前。」

　　團隊共同打拼，從研發走到臨床試驗，經歷很長一段歷程，能走到現在這一步，莊國祥認為，「態度」是最重要的關鍵。

　　「態度會決定人生的高度，」莊國祥從恩師鄭添祿的身上深刻感受到這句話，即使已經是權威的抗體專家，鄭添祿仍每天投入研究超過12個小時，「這種態度感染到我，自然而然就會跟隨，」而莊國祥又把這樣的態度，帶給了實驗室團隊。

　　因此，團隊從來沒有停下過腳步，「在前期，有多少錢我們就做多少事情，」陳挺宇談到，「儘管初期很混亂，但大家仍專注投入很多產品研究，這也使得往後整個技術平台的開發更為多元。」

　　「我們真的非常幸運，有專家帶領，讓我們少走了很多冤枉路，可以按部就班前進，」莊國祥很慶幸能遇到業師帶領團隊前進，而團隊中的成員們，也都很珍惜這些契機和幫助，不想辜負期望而更加努力。

創業永遠沒有準備好的一刻

　　「謙虛遇貴人，」這是莊國祥自身的體悟，「團隊裡的成員在各自的領域都可以獨當一面了，卻不會因為專業技術自我膨

> 公司營運有很多需要學習，愈早學愈好，
> 這些累積也會讓投資人看見我們的進步，
> 有利未來取得下一輪投資。

脹，非常謙虛，知道自己需要學更多。」

　　莊國祥認為，正是因為有很好的團隊，成員們都具有可塑性、肯吃苦，才能吸引業師願意投入給予幫助。

　　回顧這幾年的創業歷程，莊國祥認為，「創業永遠沒有準備好的那一刻，但契機很重要，當有業界專家願意伸出援手，跳進來教我們，如果我們沒有抓住機會，可能就會失去這輩子唯一一次機會。」

　　成員也都很珍惜這個難能可貴的機會，吳彤芸說，「即使到業界工作，也很難完整學習到把新藥推上臨床的過程。」

　　常聽到有人說，「一個人走得快，一群人走得久」，莊國祥覺得這句話在創業上並不正確，「創業要單打獨鬥根本是天方夜譚，一個人根本走不動，因為有太多事要做了，必須有團隊分工合作。」

「創業，必須要有一個好的團隊，做好吃苦的心理準備，然後勇敢抓住契機，」莊國祥為他們這幾年的創業旅程，下了這樣的總結。

創業
關鍵突破

1. 克服傳統以病毒進行 T 細胞基因改造的缺點，獨創雙功能抗體，培育出武裝 T 細胞，是效果更佳、安全性更高的腫瘤解方。

2. 三位業師加入，指導新藥開發、募資，以及專利布局。

3. 訂下三年里程碑，用實際成果展現，消除投資方的疑慮。

第5堂課 ── 從同理心中找命題

推動普及檢測
降低女性不孕困擾

維致生醫創辦人　**楊維中**

Innovator/05

轉譯醫學，就是在臨床找到問題、研究，
再將發現應用於臨床的科學。
楊維中深刻體認到，投入生醫產業，並不是有想法就好，
最終都要牽涉到人、資金和通過法規驗證，才能做成產品。

撰文／黃亞琪　攝影／黃鼎翔　照片提供／楊維中、臺北醫學大學

我們希望利用普及檢測，為廣大女性在生殖醫學相關症狀中，找尋最佳解方。

　　走出新竹高鐵站，一輛輛在計程車等候區的車子旋即載滿國內、外旅客，通往竹北生醫園區洽公，這裡也是專注於研發體外檢測產品的新創公司——維致生醫總部所在地。

　　還沒走進辦公室，就先被外牆亮色系的企業LOGO給吸引住。打勾的標誌，與維致生醫英文名字意義相符，「V-CHECK，就是檢測的意思，跟我們公司研發產品項目一樣，」剛開完會馬不停蹄接受訪問的維致生醫創辦人楊維中解釋。

　　走進室內，天花板上垂吊著一隻隻展翅飛鳥的圖騰，如同代表幸福意義的青鳥般，在空中自在遨翔；辦公室內部牆面彩繪著紅色、橘色、紫色等一道道顏色，有意思的是，每一道顏色代表著女性不同年齡層，亦彰顯了維致生醫創新研發產品的現在式與未來式。

典型科學家，變身創業女傑

　　令人意想不到的還在發生，步行到辦公室後方，竟然有一間可以小量生產試劑的實驗室與微型工廠。

　　楊維中指出，「產品已經通過ISO13485標準，這裡可以用來生產我們所研發的檢測試劑，做好後，就送到臨床試驗取得數據。衛福部也將來實地查核，以確保整個產品線生產流程的完善

> **科學探究，如同**
> **叢林無限大但路徑很多。**
> **有生技創業夢的年輕人如果不知道出口在何方，**
> **就從實驗驗證走得通的道路開始。**

與品質。」儘管辦公室不大，2017年成立至今約莫有十多名員工，但從研發到生產製造，五臟俱全。

這間辦公室的構思來自楊維中與她的先生，她的先生在大學教授室內設計，協助她做整體概念設計。這個空間可以說是，科學家與設計專家的創作結晶，創業時伴侶的支持，盡顯於前。

故事起點來自獎項殊榮的推波助瀾。

2015年，楊維中團隊被生技整合育成中心評選為潛力育苗計畫團隊，並且接受輔導，將其創新研發成果進行商品化準備。同年底，楊維中的研發團隊更以「子宮內膜異位症體外診斷試劑開發與應用」，榮獲第12屆國家新創獎的肯定。獲獎理由為：研發成果有國際專利布局，且研發主題切合臨床需求，同時研發的產品具有國際市場競爭力。

對楊維中（右4）來說，待在學術界與轉入產業界只是場域不同，她做的事情都是幫助別人的教育事業。

　　隔了3年，她再度榮耀加身。2018年，從事開發新穎性疾病生物標記轉譯醫學研究多年的楊維中，榮獲第17屆新創事業獎之創業女傑獎。創業女傑獎為鼓勵女性經營者而設，每屆只選出1位，需經過書面與評審委員訪視，才可能從眾多女性企業家中脫穎而出。

　　雖然女力當道，但是凡事認真以對的楊維中已超越性別藩

臼,她是典型的科學家,也是專注女性一生婦科症狀的創業者。

好奇心與同理心,啟動研究開關

　　年少時她愛上研究,從臺北醫學大學畢業後出國深造取得碩、博士學位,回國後先在中研院從事博士後研究工作,接著到北醫大任教,接下了轉譯醫學學程博士班主任。

　　她所研究的是細胞外間質分子,也就是一般人常聽到的玻尿酸、膠原蛋白等物質。這些細胞外間質分子隨著年齡增長,分泌量會逐漸變少而造成皮膚老化、鬆弛等,因此年長者需要補充膠原蛋白、玻尿酸。

　　楊維中娓娓道來,「我研究的是,細胞外間質分子為什麼能夠影響組織分化、細胞貼附生長。可以將細胞外間質想像成建築材料中的水泥,需要有這些黏著物,才能將鋼筋鞏固在一起。」

　　當時,她發現子宮內膜異位雖然多半是良性,但它卻有類似癌症組織行為,會轉移到其他組織貼附生長。

　　簡單說,子宮內膜異位症就是子宮內膜的細胞組織,跑到子宮腔外生長,有時候會跑到腹腔,最常見就是貼附在卵巢上面,隨著月經週期會有出血現象,但卻容易被人忽略。

　　因此,她反過來思考研究題目:這些細胞為什麼會轉移?為

"
透過觀察生活產生體悟，
而不是在象牙塔裡面做研究，
才有機會找到需要解決的課題。 "

什麼跑到子宮腔外生長？是什麼因素影響了它？

　　好奇心與同理心啟動了研究的開關。那時的她也發現周圍許多女同事晚婚加上多有不孕問題，一研究後就發現，不孕女性當中多半有子宮內膜異位症問題。

　　「子宮內膜異位症只是導致不孕的原因之一，但特別之處在於，很多女性並不會因為患有子宮內膜異位症而去看醫生，反而是因為不孕就醫，進而檢查出患有巧克力囊腫，也就是嚴重的子宮內膜異位，」這也讓楊維中發現，不孕症與子宮內膜異位症的高度相關性。

　　「每3到4位不孕女性中，就有1位是子宮內膜異位症病人，」她分析箇中蹊蹺之處，「通常都要病人先有症狀才會發現嚴重性，子宮內膜異位症狀多半伴隨疼痛，就經驗值而言，大多數女性多少都會生理痛，所以不容易被察覺。」

問題定了，開始解題。在過去，罹患子宮內膜異位症者臨床檢查確診，多依靠侵入性的腹腔鏡手術，雖然傷口不算大但仍需在腹部開個洞。若單靠超音波掃描，至少要3、4公分以上的腫瘤才能被看見，這時經常是病人疼痛症狀很嚴重，甚至是子宮內膜到處沾黏，已經蔓延到其他器官了。

　　楊維中指出，全球子宮內膜異位症病人，平均延遲診斷時間約6到8年，歐美國家醫療費用較高，更容易因為看醫生的排程延誤，例如英國延遲診斷時間就達8至10年。

　　此外，雖說侵入式腹腔內視鏡可診斷，並在發現的同時就立即做手術移除沾黏的異位內膜組織，可是根據臨床數據顯示，術後一年內復發機會約35％至55％，比例相當高。更何況，侵入性手術有破壞卵巢等組織的風險，相對非侵入性來得大。

改變高風險侵入性檢查現況

　　當時還在研究的楊維中思忖著：是否有一種非侵入式檢測，像是透過抽血或者驗尿等方式，來發現子宮內膜異位症相關生物標記，讓病人得以早一步探究到病況。

　　那時在國內外已經有生物標記研究報告，而如何將研究發現落實到臨床應用？「需要收集足夠驗證數據，」楊維中不諱言這

正是創業起心動念之處。

　　她與團隊收集臨床驗證資料也發現，20到50歲育齡婦女罹患子宮內膜異位症比例高，估計約10％，另一方面，也有很多研究報告顯示，這個數據是被低估的，以美國而言，有月經週期且具備生殖能力的女性，罹患該症狀的發生率達22％，比所收集的資料超過1倍以上。

　　那麼，楊維中團隊的研發創新在採取非侵入檢測之外，是否又有其他特別之處？

　　她進一步闡釋，首先就是提醒育齡女性有經痛症狀，或是母親姊妹曾患子宮內膜異位症者，儘早檢查，早期治療，而非等到症狀嚴重或者不孕才發現。如果病人是準備生育者，就會建議她早點懷孕，因為早期子宮內膜異位症患者，仍舊有機會自然懷孕，成功率高達60％至70％，但如果症狀嚴重又未即時妥善治療，機率就會降到30%以下，甚至需要人工生殖技術的幫助。

　　團隊發現可檢測早期子宮內膜異位症的生物標記，進而開發方便的檢測技術，只要抽一管血就能檢測比對，目前與臺灣多個單位進行臨床試驗，包含臺北醫學大學3個附屬醫院、長庚醫院，希望將來通過衛福部審核，就能在臺灣全面推行。

　　此外，楊維中團隊也與外部廠商合作，提供實驗室開發型檢測（LDTs），做為輔助診斷參考。如果發現患者，需要進一步的

就像玩遊戲打怪升級，楊維中創業之路不因難題而退縮，她懂得大路不通就找小巷走，把危機轉化成機會。

檢查及治療，則轉介到醫院。

　　由於子宮內膜異位症還沒有可根治的藥物，無論是手術或使用荷爾蒙治療後一段時間後仍可能復發，若已經確診及治療過，還是需要定期追蹤。「根據過去在臺北醫學大學附設醫院收集的臨床數據，準確率達到9成以上；由於子宮內膜異位症對育齡女性的影響是全球性的，未來我們也希望將這項方便的檢測推廣到國際，但首先需要與國外醫院合作，收集不同族群的大量臨床數

據，驗證準確性，」外表看起來時尚文藝味十足的楊維中，一談起實驗研究與未來性，顯現出從容自信與冷靜專業。

她坦言，公司與學校最大不同之處，在於實驗研究商品化、品質保證與法規要求。

「檢測產品的生產與製造，已經通過醫材類ISO13485認證，可以進行量產、具備生產規模，」楊維中邊介紹著辦公與工廠環境、邊解釋著現階段面臨的課題，「如果新法規改變，我們都可以跟進，比較困難的是要有能夠生產製造的團隊，且產品要商品化並符合穩定性需求，另外，還需要跨領域人才。」

尋找跨域人才的挑戰

她以台積電為例，「它最厲害之處，就是將良率提升到全世界企業無法超越的高度。而如何讓研發人才的優異表現，也展現在生產製造上，且這些人才也需要有經驗和整合性。」

楊維中分析，早期開發時研究很重要，但到了產業鏈垂直整合時期，從研發、生產製造到銷售端，都要連脈一氣，這時就需要能觸類旁通的人才。

生醫領域中，學術與產業的差異在兩點。一是學術可以一脈相承；二是醫藥研發解決人類疾病的問題複雜而多元，產品實現

> **早期開發時研究很重要，**
> **但到了產業鏈垂直整合時期，**
> **從研發、生產製造到銷售端，都要連脈一氣，**
> **也需要有觸類旁通的能耐。**

的垂直整合需要時間。

　　她以新竹科學園區為例，園區也是發展一段時間後才有初步成效，加上臺灣靠代工製造起家，造就電子產業疊代更新很快，平均3到5年就是一個更新週期；而生技或生醫產品每一個開發期可能就需要10到15年，時間軸拉得久，能否應用來解決人類疾病的臨床前驗證醞釀期也很長。

　　資金也是道門檻。時間拉長的外溢效應，就是資金需求大，儘管現在許多新創公司可以藉由首次公開募股（IPO）獲得需要的資金，但若以新藥開發現實面而言，光是四期臨床試驗，可能要等上20年。

　　許多臺灣的開發者做出具有潛力的新藥後，多半先賣給國際大藥廠，有利於加速進入市場銷售，畢竟不太可能只為了一顆新

楊維中（中）是典型科學家，也是專注女性一生婦科症狀的創業者。

藥，建立一座藥廠，遑論剛起步的生醫檢測產品和新創公司。

　　然而，創業之路也不是處處充滿荊棘，有時候危機也可能轉化成機會。

捲起袖子從零到一

　　「疫情時期，大家都要快篩，多數檢測試劑是國外廠商製造，」楊維中指出，「當時只是為了產品需要做臨床試驗，還沒進入大量生產，我判斷應該不需要蓋工廠，委託外面工廠幫忙生產小批量試劑即可。然而，卻因為產品需求量不多，而面臨找不到工廠願意客製化生產的窘境。」

「國內有體外檢測試劑類產品完整生產線的廠商不多，由於我們下單的批量需求量太小，又是市面上沒有的新產品，他們開新產線的意願低，」楊維中回憶，但是她和團隊並未卻步，決定募資，自己動手建立生產線，可以生產自家產品，也可以代工。

「好處就是從頭做到尾，所有生產流程自己可以掌控。團隊有了經驗值和設備齊全的工廠，或許未來我們能協助面臨類似狀況的其他新創公司，」就像玩遊戲打怪升級般，楊維中不因難題而退縮，反而大路不通就找小巷走，畢竟酒香不怕巷子深。

只是，不免也讓人好奇，在學界當教授，大多時刻她說了就算，但到了業界，景象可不一樣，彎得下腰募資嗎？或者訂單無門時，有過放棄的一刻嗎？

問到該情況，楊維中卻笑笑的說：「不只被『洗臉』（指遭到拒絕），而是洗了很多次！」

目前，維致生醫已經歷經兩輪募資，她坦言，見過數十位投資者，這些挫折都是必經的路程。

她就過往募資經驗總結：其實有意願投資的人，馬上就會對投資標的提出許多問題，反之則也很快冷漠以對。臺灣募資條件規模相對小，所以新創公司想要走向國際市場，才是挑戰也是機會。如果今天要到美國做臨床試驗，規模與花費肯定與在臺灣不同，對於要在每一個階段力求生存的新創公司來說，資金就是很

大挑戰。

「楊老師，你的東西看起來不錯，但是我現在沒有要投你！」楊維中回想在募資過程中，讓人最挫折的話，但現在的她雲淡風輕的說：「其實就是我們的產品仍在早期，投資風險太高。站在對方的角度思考，就不容易生氣或鑽牛角尖。另一方面，我也會審視，自己這次表現沒引起對方的興趣與共鳴可能的原因、有沒有進步空間，而不是總覺得自己最棒，是別人聽不懂。」

如果說同理心是楊維中投入業界的起心動念，那麼她堅持的韌性，來自於實驗求真，和學術教育者的求實。

剛開始，她在臺北醫學大學擔任轉譯醫學學程博士班主任，「轉譯」二字說穿了，就是將基礎研究應用到臨床的科學。要在臨床找到問題、研究，再將發現應用於臨床，它是一個來回循環驗證過程，產生實際的臨床運用，就是轉譯醫學的精神。

創業和做研究，只是場域不同

因此對於楊維中來說，待在學術界與轉入產業界，正是轉譯醫學精神的實踐。一開始是衛福部、科技部計畫，鼓勵校園有技術的研究團隊，特別是成立生醫產業新創公司跨出去，她成了其中佼佼者。

> **"** 總要有幾個成功案例出現，
>   投資者才會比較有耐心，
> 才可能良性循環，產業才能蓬勃。**"**

楊維中強調，「不是有想法就好，或者如國外車庫創業就行，生醫產業最終應用到人體、需要資金和通過臨床驗證，產品品質需要穩定，每一項條件都要具足。當然，每階段都要一步一腳印，才可能走到今天。」

「我的第一桶金來自國家型計畫，先將人才培育起來，也才能建立團隊，」從零到一，楊維中挽起袖子，每一步如履薄冰。

公司成立後，不能只靠政府經費支援，要活下來就必須努力籌措資金。

「2020年因為新冠肺炎，就面臨募資期拉很長的情況，」她坦言，公司成立至今已有6年，能發展到現在需要天時地利人和，儘管現階段還未能轉虧為盈，但她期待產品取得法規認證上市許可後，能夠和有經驗的銷售團隊合作，打進國際市場。

此外，她還希望開發的檢測項目未來能納入健保。

目前許多基因檢測項目，只要抽血就能提供報告，告知哪些基因與疾病發生有高風險，多是自費項目。而楊維中團隊希望提供大多數女性都花費得起、能夠接受的檢測服務，這就需要更多臨床數據，並且必須取得政府法規認證。他們的下一步就是持續開發不同年齡層女性需要的體外檢測產品。

楊維中感性的外表下，有著科學家的理性冷靜和一份清楚與效率，從訪綱上寫著滿滿的回覆即可看見一二。

「研究能力是我身為學者的基本實力，創業就不能只靠研究能力了，因為會做研究的人很多，但不見得每個研究發現都能應用於生技產業，那又是另外一回事，」楊維中表示，「至少到目前為止，我還有一份熱情及對於團隊的責任，支持著我繼續往前走。」

迥異於她當教授時只要管好自己和學生的研究就好，對楊維中而言，做研究和經營產業是兩個不一樣的概念。

勇敢走出舒適圈

當然，也有人勸她不需要這麼辛苦，忙得馬不停蹄，可是對她來說這些都不是問題，楊維中只問自己一件事：升到教授、發表一篇論文，然後呢？因此當機緣來了，她發現將研究成果變成

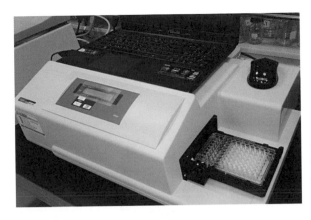

子宮內膜異位症檢驗測試
96孔微盤中披覆有專利抗
體，一次可檢驗數十份血
清檢體。

一項可造福人群的產品，「這是一件還滿有成就感的事情。」

　　她不僅把球丟出來，還接住球，走出自己的舒適圈。

　　「我覺得創業最重要的是想法、態度和家人支持。夢想是自己的，自己發想的東西能實現，不但可以服務許多人，還不僅限於高端人群，這就像科普教育，能讓更多人學習、受惠。從學術走到創業，進而有所貢獻，而且是長期性的貢獻，」楊維中有感而發的說。

　　走在生技產業創業路上，她也有一個夢想與愛。

　　「總要有多幾個成功案例出現，投資者也會比較有耐心與信心，如此才可能有良性循環。反之，投資者就會覺得生技或生醫產業回報都要等很久，自然愈來愈得不到青睞的眼光，產業就無

從研究學者華麗轉身傑出創業家，楊維中（右2）深諳溝通藝術的重要，與團隊夥伴、投資者、政府主管機關，必須不斷進行雙向溝通，才能往前進。

法蓬勃，」楊維中表示。

　　不管是做實驗研究或者創業，大多時候都會面臨不如預期，甚至失敗，需要不斷反覆驗證或修正，才可能得到一次成功。

　　楊維中分享其體悟，「創業跟當教授最大不同之處，就是溝通的藝術。無論是跟同仁、投資者，或是政府單位法規人員，就是要不斷進行雙向溝通協調，而學者大多數時間只要跟學生相處好就行。」

世界不是非黑即白

　　她發現，專業的人因為整天關在實驗室裡，常常會忽略與人的溝通及周遭事物，相反的，能時常關懷身旁的人、事並且產生互動，站在對方角度思考事情，對於將技術應用於生醫產業，尤其重要。

　　「這個發明究竟病人需不需要、能否幫醫師解決臨床的問題？」楊維中分析，從出世到入世，決定了創新的技術是否有機會能真正落地。

　　面對壓力，她選擇去運動而不是怨嘆，「運動能讓人整體心態趨於正向。」

　　此外，家人是她最大的精神支持與後盾，再忙，一週平均也

要跟家人一起打上二到三次羽球，從快速移動的步伐和酣暢淋漓的汗水中，獲得釋壓的能耐，「羽球很軟、很輕，但打球時移動速度卻要夠快，還要在瞬間思考這球打過去後對方的回應，自己該站在什麼位置接球，其實滿多學問的。」

掌聲是別人給的，箇中滋味只有自己內心明白。

對於楊維中來說，學術成就、事業成功和家庭幸福，或許讓她成為別人口中的人生勝利組，但勇於脫離舒適圈，走上未知創業路的她，內心清楚知道，是對於夢想的勇敢追尋，才能讓自己產生波瀾不驚的堅定意志與多元多彩的人生態度。

也因此，她給年輕創業者的建議是，「其實沒有什麼事情是絕對的，如同精準醫療，同一顆藥，對付同一種疾病，使用在不同人身上，效果也不一樣。實驗研究有控制組和對照組，可是實際的生活卻非如此規律，盡量保持開放的胸襟。」

在未知的叢林中奔跑

楊維中精準點出，無塵室與現實生活的細節差異。她也以自身研究的子宮內膜異位症為例，在全球發生率都高，且影響許多女性日常生活與生育，在生醫研究上卻沒有受到醫藥界的重視，因為它是良性而非絕症、癌症。

「所以我們更要透過觀察生活，產生體悟，而不只是在象牙塔裡面做研究，才有機會找到實際需要解決的課題，進行專業的開發，」她也分析，與資訊通訊產業的跳躍式邁進截然不同，生醫產業需要一步一腳印，基樁要打穩才可能走到實際應用去。

　　如同她的人生格言：「在未知的叢林中奔跑，追尋無可言喻的愛與希望。」

　　叢林無限大但路徑很多，如同科學探究，也有許多條路可循，有生技創業夢的年輕人如果不知道出口在何方，那麼就先從實驗驗證走得通的道路開始，走不通就修正，最終總會通到一個充滿愛與希望的理想所在。

　　而對於楊維中來說，那個崇高的念想就是走向創業的路，為廣大的女性在生殖醫學與健康領域中找尋最佳解方。

創業
關鍵突破

1. 團隊發現子宮內膜異位症的生物標記，獲國家型計畫支持，將研發成果朝商品化邁進。
2. 成功開發子宮內膜異位症體外診斷試劑，正式成立公司。
3. 無法委外生產小批量試劑，自行建置體外診斷試劑 IVD QMS 標準生產廠房。

我希望
馬台的醫療合作
有更大的突破，
將馬來西亞醫療
推向高峰。

迎向世界
才能有創新思維

馬來西亞拿督斯里邦里瑪 **陳榮洲**

Innovator/06

從牙醫系畢業之後，陳榮洲沒有從醫，
　　憑藉精準的商業眼光與膽識，打造傲人的事業版圖，
　　跨足地產、旅遊、飯店、醫療等領域，
　　因為他不怕挑戰，願意用創新的思維解決問題。

撰文／陳培思　照片提供／陳榮洲、臺北醫學大學

陳榮洲在高中時期，就獨自一人離鄉背井到臺灣求學，之後進入了臺北醫學院（臺北醫學大學前身）牙醫系就讀，然而，在畢業後，他卻沒有選擇當牙醫，而是憑藉著敏銳的商業頭腦，開啟了創業之路。

將近30年的辛勤打拚，陳榮洲的事業跨足地產、旅遊、飯店、醫療等各領域，不但是馬來西亞金石地產董事長，旗下還有Holiday Inn Express Kuala Lumpur、Ibis KLCC Hotel、Ibis Melaka Hotel、Victoria Specialist Hospital等酒店，也是吉隆坡國際牙科中心（Kuala Lumpur International Dental Centre, KLIDC）創辦人。

除了事業成功，陳榮洲更熱心公益，長期資助孤兒院、戒毒所等，獲得馬國星洲企業楷模獎、也被馬來西亞沙巴元首封賜為太平局紳及拿督，並榮獲馬來西亞「拿督斯里邦里瑪」的頭銜，等級比拿督更高，屬於終身榮譽身分。

很多人佩服陳榮洲精準的商業眼光與膽識，然而，能打造出傲人的事業版圖，其實是源自於他始終不怕和困難正面對決的精神，願意用創新的思維解決問題。

人每天睜開眼睛，都在解決問題

陳榮洲在就讀北醫時，畢業前的暑修，一個人晃到了基隆路

> **要走出去，必須了解這個世界有多大，才會有更高的眼界與思維。**

上，看到有海產店在賣螃蟹，這個發現，讓他賺進了人生的第一桶金。

「在我的家鄉一隻螃蟹很便宜，才幾塊錢臺幣，沒想到臺北竟然可以賣到幾十塊，足足貴了五倍，」有生意頭腦的陳榮洲靈機一動，決定進口家鄉的螃蟹來臺灣販售，「就算用空運、做批發，也都很有賺頭。」

從小在漁村長大，家裡賣海鮮，陳榮洲對螃蟹再熟悉不過，只要看一眼，就知道是鹹水或淡水螃蟹，儘管如此，他卻在進口螃蟹上，狠狠的踢到了鐵板。

原來，在經過長途的運輸，因為氧氣不足，第一批進口的螃蟹死掉了8成，讓陳榮洲至今都還記憶猶新，「那真的是損失慘重！」

但這次挫折，並沒有讓陳榮洲打消進口螃蟹的念頭，「本來

從北醫大畢業後，雖然陳榮洲（左）始終沒有擔任過牙醫，卻憑藉大膽精準的生意眼光，創建吉隆坡最大的牙科中心KLIDC，2019年獲頒北醫大傑出校友。

就沒有任何一個東西或一件事情，會是很簡單或都很順利的。」

　　陳榮洲著手改善包裝問題，「箱子留的洞不夠大，螃蟹會因為氧氣不足被悶死，但如果洞開得太大，讓蚊子飛進去叮了螃蟹眼睛，螃蟹也會死掉，」第2批雖然情況有好轉了點，但還是只有6、7成存活率，隨著一次又一次調整，直到第5批、第6批，才終於完全解決運輸過程中的各種問題。

靠著批發螃蟹，陳榮洲一天就可以賺進7、8千元，在當年，已經相當於老師一個月的薪水。

「其實人每天睡醒睜開眼睛，都在解決各式各樣的問題，」陳榮洲有感而發，「遇到困難就要有勇氣去解決，如果我當時碰到問題立刻退縮，那就賺不到這個錢了。」

每一次投資都要自己深入了解

擁有了第一桶金，陳榮洲把眼光轉向到房地產投資上，逐步開啟了事業版圖。

陳榮洲能憑藉獨到的生意眼光，事業不斷擴張，絕非運氣使然，而是他凡事親力親為才能孕育出甜美果實。

隨著事業擴大，陳榮洲當然不可能所有事都自己來，但在每個項目的開端，他必定是親自投入研究。

他目前擁有4間國際酒店，加總起來高達幾千個房間，且生意始終維持得很好。其中的主因是，一開始要選定在哪裡蓋飯店、適合什麼定位的品牌、要多少房間數，陳榮洲都是鉅細靡遺的研究，「每一次投資都不能草率，絕對不能只是聽別人說或其他人報告，一定要自己深入了解。」

無論要買土地或房子，陳榮洲都會至少跑個5、6趟，白

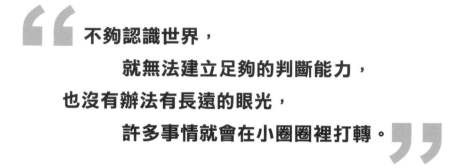

> 不夠認識世界，
> 就無法建立足夠的判斷能力，
> 也沒有辦法有長遠的眼光，
> 許多事情就會在小圈圈裡打轉。

天、黃昏、晚上、晴天、雨天，反覆確認周遭環境，甚至半夜都不放過，「沒有親自去研究調查，就容易被人誤導，做出錯誤的決定。」

「你跑了10次，別人才去1次，你會掌握更多資訊，把錯誤降到最低，做出準確的判斷，」陳榮洲強調。

努力挖掘，主動找出好時機

陳榮洲認為，「無論創業或投資，時機很重要，時機對了就事半功倍。」

漁村生活辛苦，陳榮洲家裡賣海鮮，禁不起損失，魚蝦何時

要捕撈、哪時候要曬成蝦米，都很講究，也造就了他對於時機掌握特別精準。

「要能看準時機，必須仰賴豐富的經驗做判斷，並不是靠瞎猜，」陳榮洲坦言，對年輕人來說，擁有足夠經驗做判斷較困難，所以更要加倍下功夫研究，才能掌握住時機。

時機並不是憑空等待運氣從天而降，相反的，要努力挖掘，主動找出好時機。

陳榮洲曾在吉隆坡一塊大家都不看好的土地上，成功興建開發33層的大樓。

當時，這地區只要每逢下雨必淹水，所有人都認為不適合投資，但陳榮洲卻反其道而行。

他先去市政府調出所有資料，發現問題出在這塊地位在河流轉彎處，垃圾淤積導致淹水，「考量整座城市的長遠發展，我認為淹水問題遲早會被解決，」於是，陳榮洲大膽買進土地，果然，隨著人口愈來愈多，政府進行都市開發，河道開始了拓寬工程，也就不再有淹水問題。

「不要什麼都聽別人講，必須要有自己的判斷，人云亦云，會錯失很多機會，甚至做出嚴重的錯誤決策，」陳榮洲指出。

尤其數位時代資訊發達，陳榮洲特別提醒，「媒體說的並不一定就是對的！」花時間鑽研，擁有更多的背景知識，才能辨別

資訊正確與否，也能避免被別人牽著走。

從北醫畢業後，陳榮洲始終沒有擔任過牙醫，卻在 2006 年時重返醫療領域，創建吉隆坡最大的牙科中心 KLIDC，包含一般牙科、矯正、植牙、牙齒美白、根管治療，以及牙科雷射等，提供全方位的牙科服務。

帶動馬來西亞牙科水準

KLIDC 擁有與教學醫院並駕齊驅的硬體設備，不但設有專屬的牙技中心，以及牙材設備展示間，還有可容納上百人的教學教室，經常邀請世界知名教授來演講，現在，每一年也都會有臺灣以及北醫大學生前來交流。

KLIDC 更是開創了吉隆坡一站式牙科服務的先河。

「我做任何事都喜歡創新，用改革的心態來做，不想要只跟隨著別人的方式走，」當時吉隆坡既有的牙科診所規模都不大，多是一、兩位牙醫師，但他不因循常規，一口氣興建了 400 坪的大規模牙科診所。

「那時候馬來西亞的牙科和新加坡、臺灣都相差一大截，但正值經濟起飛，我認為會有更多民眾想要得到更高品質的醫療，」陳榮洲談起當初的想法，「我希望投入中高端市場，想要

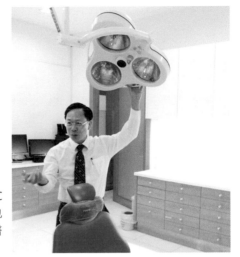

一開始沒人願意投資，但落成後 KLIDC 成為吉隆坡最有代表性的牙醫診所，也是許多國際企業人士與中高端客戶就醫時的首選。

做一個完全不一樣的牙科，從設計、採購以及聘請的醫師完全都不一樣，是能趕上國際水準的高品質牙醫診所。」

然而，當陳榮洲大膽的提議，卻讓投資者們卻步，沒有人敢合作，共同的擔憂都是：沒人這樣做過，太冒險了。

「有時候，現實就是這樣，你的想法很好，可是別人未必願意接受，」陳榮洲不諱言，創新的想法，因為沒有前例可循，不容易獲得支持，「但如果你覺得自己的信念是對的，就自己動手

去做。」

　　尋求合作碰壁的陳榮洲，決定全部自己來，自己設計、自己興建，並延攬馬來西亞大學的教授，建立起最專業權威的團隊。

　　KLIDC落成之後果然造成轟動，連鄰近的新加坡也都有人慕名而來參訪，KLIDC成為了吉隆坡最有代表性的牙科診所，更是許多國際企業人士或中高端客戶就醫時的首選。

　　「別人不看好沒關係，我們要把自己先準備好，就有很多人會追著你來，」陳榮洲談到，「我們診所的硬體設備完善，有先進的技術、儀器，能提供多方面的學習，自然吸引很多醫師想要加入，我們就可以挑選最優秀的醫師進入團隊。」

　　目前，KLIDC已經拓展到4個據點，團隊裡共有32位醫師。其中，KLIDC Medical center更讓梳邦再也醫療中心（Subang Jaya Medical Centre）主動提出合作，由KLIDC負責建立、營運醫院內的牙科部門。

　　KLIDC起了帶頭作用，吉隆坡開始有許多牙科診所仿效跟進，帶動馬來西亞牙科領域的進步，寫下了新的里程碑。儘管陳榮洲從來沒有自己披上白袍，卻全面的提升馬來西亞牙科整體聲望及品質。

　　創業不只起頭難，經營事業必須跨越重重障礙，持續不斷奔跑前進。

> **必須有充足的知識，加上經驗累積，
> 才不會因為害怕而裹足不前，
> 什麼都不敢做。**

對陳榮洲來說，無論從剛開始批發螃蟹，或是如今管理整個龐大的事業王國，遇到問題的態度始終如一：勇於面對，用創新思維解決。

遭逢百年大疫，事業也不停擺

2020年突如其來的新冠疫情，造成全球經濟活動蕭條，各行各業陷入愁雲慘霧，尤其經營酒店的陳榮洲，因為觀光業近乎停擺，更是受到嚴重衝擊，人心惶惶，員工走了一大半。

然而，窮則變、變則通，陳榮洲親自站上第一線，用創新思維找到契機，扭轉僵局。

隨著疫情愈來愈嚴峻，馬來西亞實施了禁令，全城封鎖。既

KLIDC 經常邀請世界知名的教授來演講，每一年也都會有臺灣以及北醫大的學生等許多單位前來交流。（左 3 為北醫大前校長林建煌、左 4 為陳榮洲、右 3 為北醫大校長吳麥斯）

然沒有觀光客，酒店房間閒置，於是，陳榮洲著手建立起收治染疫輕症者的標準作業程序，讓確診的民眾可以入住進行隔離、休養，成為馬來西亞防疫旅館的先驅。

對的事就堅持下去

隨著疫情不斷惡化，陳榮洲發現，核酸檢測速度是阻止疫情蔓延的重要關鍵。

擁有醫療背景的陳榮洲，發揮救人助人的精神，進一步設立核酸檢測中心。

「我立刻召集團隊，到處找尋設備儀器，兩個月就全數完成，」他抓緊速度和時間賽跑，連續開設4個實驗室做核酸檢測，24小時不間斷的尋找確診者，阻斷傳染鏈。

隨著疫苗問世，陳榮洲積極成立施打站，協助政府施打疫苗，為當地防疫提供了莫大的助益。

另一方面，疫情期間看診就醫成為一道難題，尤其牙齒問題無法遠距視訊看診，必須患者親自到診所就診，陳榮洲絞盡腦汁，思考要如何讓病患安全的抵達診所。

深思熟慮後，陳榮洲終於有了想法。他讓酒店員工穿著防護衣，做好防疫措施，把酒店閒置的車輛做為接送專車，向政府申

請專門接送病人到診所。

「我認為對的事情，就會堅持做下去，」陳榮洲自豪的說，「在疫情期間我們沒有停擺過，集團內所有的員工一樣有工作、有收入。」

甚至，疫情時期沒有人敢投資土地，他更是以低價大膽買地，「從過去的經驗判斷，疫情不可能永遠持續。人必須有充足的知識，加上經驗累積，才不會因為害怕而裹足不前，什麼都不敢做。」

認識世界，才會有足夠的判斷能力

陳榮洲勇敢、大膽，但行事卻從不莽撞，任何決策都經過深思熟慮。

畢業之後，陳榮洲思考未來要定居在哪裡、往哪個方向走，但他不只是坐在家裡憑空想像，而是實際去到每座城市蹲點。

第一站，陳榮洲前往澳洲雪梨，住了一個月，親身體驗到底適不適合自己，陳榮洲笑著說，「澳洲什麼都很好，環境也很好，但我最後的結論是，這個地方適合退休生活。」

接著，陳榮洲轉往了上海。當時，上海並不如現在富裕，正是大家都卯足全力拚命賺錢的年代，「在上海，的確可以賺很多

錢，但這樣的生活方式可能會讓我的生命短少10年，」於是，他選擇告別了上海。

下一站前往吉隆坡，依舊是住了一個月，陳榮洲評估，當時馬來西亞大約3千萬人口，其中，華人占了6百萬，加上地理位置優越，充滿機會可以開拓，是很適合自己未來發展的地方。他決定落腳在吉隆坡，之後果然建立起事業版圖，遍及馬六甲、吉隆坡與沙巴等地。

儘管從小住在地處偏僻的漁村，但卻沒有阻斷陳榮洲往外闖的決心。

沒有電視、甚至沒有報紙，靠著收音機收聽華盛頓華人電臺、美國之音、澳洲墨爾本電臺，是陳榮洲童年時期連接外面世界的唯一通道，讓他認識了遼闊的世界。

到臺灣就讀建中，讓陳榮洲大開眼界，
後來進入北醫，開放的讀書風氣，又啟
發了他更多的想法。

　　小學時候班上同學只有4、5個人，到國中以後讀了教會學
校，打下英文基礎，申請到臺灣就讀高中，建中兩年讓陳榮洲大
開眼界，深深感受到「這些人實在太不一樣了」，進入北醫，開
放的讀書風氣又啟發了他更多的感受。

年輕人眼光不能只放在課本裡

　　「從小，爸爸就告訴我們，要走出去，」父親的耳提面命，

造就陳榮洲勇敢迎向世界的個性,「必須了解這個世界有多大,人外有人,天外有天,才會有更高的眼界與思維。」

無論是創業,或想要擁有創新思維,第一步都是要了解這個世界,不只是自己身處的周遭,還有全球各個角落。

雖然現在的網路非常便利,有太多方式接軌國際,但陳榮洲卻感到非常可惜,臺灣年輕人普遍對國際社會認識太少,對於國際事務不夠關心,「沒有國際觀的人很難長得大,也走不遠,不夠認識世界,就無法建立足夠的判斷能力,也沒有辦法有長遠的眼光,許多事情就會在小圈圈裡打轉。」

陳榮洲建議,「每天至少花半個小時去了解這個世界吧!」多把觸角往外延伸,了解世界上發生了哪些事,不要只把眼光放在臺灣這座島上,「要勇於走出去,積極培養國際視野,未來才會有足夠信心站上國際舞臺。」

「趁年輕的時候多去接觸世界,看看世界有多大、世界長什麼樣。世界上70億人口的生活等著你去認識,」他鼓勵年輕人,行萬里路去親身體驗。

「要探索世界,並不需要很多花費,背包客是很適合認識世界的方式,」陳榮洲提醒,年輕人出國不要跟團或是住五星級飯店,那無法深入了解當地,「別小看背包客,很多成功人士都是從當背包客開始,雖然他們沒有什麼錢,但就用這種方式去了解

> **始終不怕和困難正面對決，
> 用創新的思維解決問題。**

這個世界原來如此。」

北醫開放環境的滋養

回憶自己就讀北醫時，雖然校園還很簡陋，但在師資各方面都很優秀，陳榮洲非常鼓勵學生們發揮自己的創意，接觸更多事務，學校並不會過多約束，「這是一個很好的學習環境，讓學生不只把眼光放在課本裡，能及早和現實社會接軌。」

「即使要從事研發，也不可能關起門來埋頭自己做，必須要了解世界，才會知道哪些是沒有人做過的、哪些是人們所需要的，」陳榮洲強調，社會上有形形色色的人、來自各種背景，現實社會並不只是書本上的樣子，如果只讀課本，最後就會變成無法融入社會的「讀書機器人」。

「累積知識，勇敢去闖，」這些年來的創業之路，讓陳榮洲沉澱出這番深刻的體會，「遇到問題不要放棄，勇敢去面對、解決，但千萬不能有勇無謀，沒有知識跑不遠，有知識才能有底氣勇敢前行。」

創業
關鍵突破

1. 批發馬來西亞螃蟹到臺灣販賣，擁有第一桶金。

2. 跨足房地產投資，曾反其道而行，買下別人不看好的土地，成功開發興建33層的大樓。

3. 創建吉隆坡最大的牙科中心，打破當地原有牙科診所樣貌，興建400坪的大規模牙科診所，提供一站式的服務。

4. 新冠疫情期間，酒店成為馬來西亞防疫旅館的先驅，建立收治輕症者的SOP。

5. 牙科無法遠距視訊看診，疫情期間，讓酒店員工穿著防護衣，把酒店閒置車輛做為接送專車，向政府申請接送病人就診，讓牙科診所的營運不因疫情停擺。

我想要
改變臺灣婦科
診療行為、
提升女性
生活品質。

成爲婦女健康的守護者

酷氏基因創辦人 **賴鴻政**

Innovator/07

以往的商業化模式，
　　都是走專利、授權、技術移轉，
　　但後續發展往往和初期共識迴異，
　　讓賴鴻政起心動念，創業才能將「自己的孩子」親手帶大。

撰文／朱乙眞 攝影／黃鼎翔 照片提供／賴鴻政

2023年4月下旬一個週五下午，賴鴻政匆匆從臺北趕來位在竹北的新竹生物醫學園區辦公室。每週五上午，是他固定在北醫大實驗室和研究團隊開會的日子。

賴鴻政現在每週行程是這樣的：週五在實驗室，週二、四在雙和醫院有總是額滿的門診，週三是開刀日，週一到新竹生醫園區上班，週日則是運動日，橫跨產業、學術、研究、體育界，成了「斜槓醫師」，頭銜包括博士、教授、科主任、婦科癌症專家、臺灣第一位將達文西手臂運用於婦科手術的醫師、三鐵運動員……。

2018年創立酷氏基因後，賴鴻政再增加「生醫創辦人」、「創業家」身分，也讓他成為臺北醫學大學醫學院首位創業醫師。

女性癌症分子篩檢的里程碑

酷氏基因是北醫大技術研究成果衍生的甲基化生物標記開發新創公司，專注於表觀遺傳學（Epigenetics）研究，在基因甲基化（Methylation）研究領域中，尋求更多應用可能性，推出的第一項產品是，結合傳統抹片採樣與基因甲基化檢測技術的子宮內膜癌檢驗試劑安蓓（MPap）。

甲基化是什麼？甲基化又和基因有什麼關係？

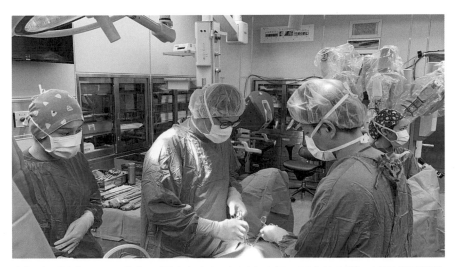

在忙碌看診和開刀日常中，賴鴻政（左2）活力十足，不安於現狀，斜槓領域橫跨產業、學術、運動和新創。

　　賴鴻政解釋，表觀遺傳學主要研究基因表現；基因是先天父母遺傳，而外在環境如飲食、情緒、壓力、荷爾蒙等也會在基因上留下足跡，這些足跡即為表基因；而他的研究，就是利用表基因裡最常見的甲基化現象，也就是基因受到外在影響產生的變化，來診斷子宮頸癌、子宮內膜癌等疾病。

　　賴鴻政是臺灣早期投入甲基化表觀遺傳研究的學者之一。2017年，他在北醫大的研究團隊，從全球最大的子宮內膜癌基因資料庫中，分析350個子宮內膜癌、約1億4千萬個甲基化基

因序列訊號，進而篩檢出180個基因，並證明其中3個基因：BHLHE22、CDO1、CELF4，在子宮內膜癌的組織中發生高度甲基化現象。

「3個基因中，只要有任2個基因檢測結果為高度甲基化反應，罹患子宮內膜癌的風險即為一般人的236倍，」賴鴻政強調：「檢測準確度高達95%！」

這項研究成果被刊登在美國癌症研究學會出版的期刊《臨床癌症研究》(Clinical Cancer Research)，被譽為臺灣醫學檢測科技重要成就，也是女性癌症分子篩檢的里程碑，為體外診斷試劑寫下新頁，催生後來的酷氏基因與安蓓基因檢測試劑。

一旦決定了，就不輕言放棄

怎麼會從安穩平順的臨床醫師工作一腳踏入研究領域，甚至跨界創業？或許從賴鴻政在知天命的50歲投入三鐵運動，隔年便挑戰2023 Challenge Taiwan三鐵賽事的勇往直前個性，可以找到些許脈絡。

「大家聽到我去參加113公里的個人賽，最後以8.5小時完成游泳1,900公尺、自行車90公里、路跑21公里，都瞪大了眼睛，」想到當時朋友們難以置信的表情，賴鴻政仍然忍不住哈哈

" 商業化，是唯一一條實現
　　　「研究成果轉譯成檢測試劑」，
從研究室走到臨床應用的路。**"**

大笑，「但我總覺得，一輩子短短的，很多事情當下不做，以後
更難。」

　　賴鴻政從小熱愛運動，在建國中學時期便是學校橄欖球校隊
主力。「決定了，就全力以赴，不輕言放棄」的運動家精神與意
志力，不只在運動場上，更影響他許多人生決定。

　　第一是2002年暫停臨床醫師工作，成為全職博士班學生；
第二是在獲得終身保障的教授職位後，雖然大可放下燒腦的研究
工作，閒適度日，但他未中斷研究，反而在無後顧之憂之下成為
熱血的醫生科學家；第三，則是在2018年毅然跨界創業。

　　賴鴻政畢業於國防醫學院，2001年在三軍總醫院完成婦產科
專科醫師訓練，成為主治醫師。「一般人總認為升了主治，接下
來理所當然就是看門診、開刀、賺錢……」他嘆了一口氣，說：
「我在這樣的生活中，卻感覺空空的、很挫折。」

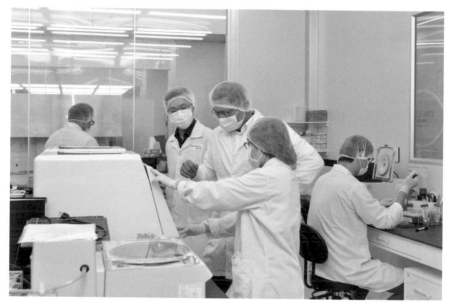

賴鴻政（右3）從未間斷將基因醫學應用在婦科癌症研究領域。

原來，在20世紀跨到21世紀之際升任主治醫師，賴鴻政當時滿懷雄心壯志要成為「新世紀醫生」，但在醫院日復一日的門診、開刀中，他發現自己看不懂學術界的殿堂級國際期刊《Science》、《Nature》上發表的醫學論文，這讓喜歡學術、科學研究的他，挫敗感十足。

醫學中心的臨床醫師也需要發表論文，但在擁有「科學

魂」、對探索未知有滿腔熱血的賴鴻政心中，那樣的論文和「研究」相去甚遠。

我和上個世紀的醫生，有什麼不同？

「論文有很多種，」他解釋：臨床醫師的研究論文大多屬於比較兩種治療方法的差異，抑或擔任已經完成第一、第二期臨床試驗的新藥品、新醫療器材或技術在第三期全球試驗的計畫主持人（Principal Investigator, PI），「雖然有機會登上醫學期刊，但原創性不高，不是我要的『發明』。」

他那時最常問自己：「這樣的你，和上個世紀的醫生，有什麼不同？」

不安於現狀，才可能突破自我。

隔年，賴鴻政暫停臨床工作，回母校全心投入研究，一頭栽入當時全球醫界最夯的基因醫學、人類基因體序列領域，研究基因多形性，以基因醫學證明不同個體子宮頸癌發生機率的差異，並以兩年半完成博士學位，速度之快至今仍是國防醫學院醫科所博士班的紀錄保持人。從那時開始至今20多年，他從未間斷將基因醫學應用在婦科癌症研究領域。

回到臨床，每每遇到一些病患，發現罹癌時已是後期，或是

“ 一輩子短短的，
很多事情當下不做，以後更難。**”**

年紀很輕就罹患婦科癌症，因為錯過黃金治療期而影響預後存活率，賴鴻政總是很難過。

「有沒有更好的解決方法，讓病人不再受苦？醫師無法讓女性不得癌症，但應該想辦法讓女性提早知道自己是不是罹癌高危險群，」賴鴻政認為，這正是臨床醫師做的研究和基礎科學家的研究不同之處，也是當年念醫學院、當醫師的初心。

他的研究目標逐漸清晰 —— 做出能夠「解決問題」，並在臨床治療或診斷派上用場的成果。

除了 2006 年培養出卵巢癌幹細胞，2009 年賴鴻政率領研究團隊透過與子宮頸癌有關的 6 個基因，以基因甲基化篩檢方式找出零期癌症，準確度高達 99%，成功研發全球第一個子宮頸癌篩檢的基因檢測技術。

賴鴻政表示，一次性子宮頸抹片篩檢的敏感度為 60％至

70％，即使抹片檢測沒有感染，卻不見得沒有罹患子宮頸癌；人類乳突病毒HPV篩檢方式也有偽陽性問題，病毒檢測陽性，但實際卻沒有罹病，而透過基因篩檢，卻可以幾乎100％找出早期子宮頸癌，讓30歲以下年輕族群提高篩檢率。

全球第一個子宮頸癌篩檢的基因檢測

　　成功將研究成果轉譯成檢測試劑、應用到臨床，讓賴鴻政非常振奮，也更加確定自己在做一件「對的事」。

　　隨著衛生署國健局積極推動第二期國家癌症防治計畫，提供民眾包括子宮頸癌在內的4種癌症免費篩檢，很多子宮頸癌在仍處於原位癌時期就被檢查出來，治癒率幾乎可達100％，發生率及死亡率逐年下降，反而是子宮內膜癌發生率明顯竄升，甚至超越子宮頸癌、卵巢癌，成為臺灣第一大婦科癌症。

　　賴鴻政說，子宮內膜癌好發於50至70歲女性，但隨著飲食與生活習慣西化，近年來發病有逐漸年輕化的趨勢；9成患者早期症狀為子宮異常出血。

　　但是，由於子宮內膜癌缺乏像子宮頸抹片或乳房攝影、超音波等非侵入性的篩檢工具，以往只能仰賴陰道超音波、內膜切片、子宮腔鏡檢查或子宮內膜刮搔手術，來確認子宮異常出血患

經常在醫療現場遇到錯過
黃金治療期而影響預後的
病患，讓賴鴻政起心動
念，做出能夠「解決問
題」的研究。

者是否罹患子宮內膜癌，而採樣失敗、子宮穿孔，引起出血與發炎、子宮腔沾黏、子宮內膜受損、腹腔臟器受傷等侵入性檢查的風險，經常讓有症狀的婦女對侵入性檢查心生畏懼，造成早期診斷困難，年死亡人數僅次於卵巢癌，高居婦癌第二名。

　　就算真的咬牙忍痛，冒著麻醉手術風險接受侵入式檢查、切片手術後，診斷為癌症的有多少？賴鴻政嘆了一口氣，坦言：「準確率也不高。」

　　他分析國健署資料庫發現，全臺50歲以上停經後婦女，每8.4次侵入性檢查才能確診一位內膜癌病人，40至50歲婦女為80次，40歲以下則是130次。

「很多女性因為不正常子宮出血，到醫院做侵入性檢查，根本是不需要的，」賴鴻政邊説邊搖頭。

更糟的是，少數病患完全沒症狀，發現得晚，預後更不好。「不刮不放心，刮了又大部分不是癌症……，我可以做什麼來解決這個問題？」賴鴻政不斷問自己。

踏出創業的第一哩路

2013年，是賴鴻政在子宮內膜癌研究生涯的關鍵年。

當時，約翰霍普金斯大學在跨學科生物醫學雜誌《轉譯醫學期刊》（*Science Translational Medicine*）上，發表一篇以基因突變方式從傳統抹片中偵測到子宮內膜癌細胞的報告，讓賴鴻政靈光乍現，「這不就是我從2003年開始一直專注的DNA甲基化嗎？原來可以應用在子宮內膜癌上！」

也是在2013年，賴鴻政加入北醫大，在當時北醫大附設醫院院長吳志雄支持下，於醫院裡建立轉譯實驗室。

「這個實驗室，是我創業的第一哩路；沒有它，我當時的研究便無法繼續，也就不會有後來的全部，」賴鴻政數度豎起大拇指，以「佩服」表達對吳志雄當時大無畏的勇氣。

回到當時的時空背景。2003年，北醫大取得雙和醫院50年

經營權，2008年全新的雙和醫院開幕，由當時的北醫大校長邱文達兼任院長，第2年吳志雄接下棒子。

「新醫院、新院長，通常第一個想要拚業績，但吳院長卻願意蓋一個『燒錢單位』，甚至為了實驗室親自到處募款，」賴鴻政說：「要很有遠見、想法，也是要看到學術研究的價值，才會這麼做。」

千里馬遇到伯樂，賴鴻政和研究團隊有如神助，很快從大量基因資訊中篩檢出多個甲基化基因，並在其中找到3個關鍵基因，證明該基因的甲基化程度與子宮內膜癌息息相關，可做為癌症診療的指標。

有異常出血症狀的女性，只要以和子宮頸抹片檢查同樣的取樣方式取得檢體，經過電腦運算，就可以知道是否為子宮內膜癌高危險群。如果結果是高風險，再進一步進行內膜切片，如果是低風險，便觀察或做治療，3到6個月再追蹤。

研究成果被刊登在具有高度指標性的學術期刊後，賴鴻政深知，「商業化」是唯一一條將研究成果轉譯、從研究室走到臨床應用的路。

賴鴻政喜歡專心研究，以往的「商業化」模式都是走專利、授權、技術轉移，但他逐漸發現授權公司的發展方向，往往和初期共識迴然不同，「就像懷胎十月、細心呵護帶大的孩子，嫁人

邀請林淑娟（左4）、楊桂華（中）加入酷氏基因，積極爭取資源、與投資人交流，賴鴻政（右4）和研究團隊（左起）蕭光紘、陳彥儒、張恆誠、史宗修、陳鈺婷、劉雨書，得以專注產品研發。

後管不了，最後長成不是自己想要的樣子。」

「也許我應該自己來，親手把孩子帶大，一直留在身邊？」賴鴻政動心起念，思索創業的可能。

19世紀法國微生物學家巴斯德（Louis Pasteur）說：「機會眷顧準備好的人。」當賴鴻政萌生創業想法，卻不知如何踏出第一步之際，當時北醫大前後任校長閻雲、林建煌積極推動校園內的創新創業，「創業」在北醫大成為一股風氣，加上事業發展處事業長林俊茂的推波助瀾，2018年賴鴻政毅然決定跨界創業。

「整個過程就是從零開始，打掉重練，」賴鴻政回想決心創業之初，他連「股權結構有什麼不同？」「不同的股權結構對公司有什麼影響？」「什麼叫A輪、B輪？」全都一竅不通；買了一本又一本創業、經營、管理書回家惡補，卻有如無字天書，總是翻了幾頁就擱在一旁，「全靠意志力，咬著牙撐下去。」

連大學教授都震撼的魔鬼訓練營

賴鴻政不讓自己坐困愁城。在北醫大支持下，他專程飛到美國波士頓參加哈佛醫學院與麻省理工學院共同舉辦、為期一週的「健康照護創新創業極限挑戰營」（MIT-Harvard Healthcare Innovation and Entrepreneurship Bootcamp），和來自全球18至

> **通常新創公司被併購就是成功；但對我來說，要等到酷氏改變整個婦科診療行為、提升女性生活品質，才是真正的成功。**

50幾歲、不同背景的學員一起上課。

「那真的是魔鬼訓練營！」賴鴻政說，被譽為「創業者搖籃」的麻省理工學院，將校內的創業DNA，濃縮成一週的創新創業理論架構與實作馬拉松課程，參加的學員還得在課程結束前完成創業計畫。

挑戰營每天的課程都是從清晨7點的早餐會議開始，一直到凌晨3點上傳團隊專案作業才算結束，最後一天還有簡報提案比賽（pitch demo），「壓力、強度之大，」賴鴻政笑著透露，「連已經是大學教授的我，都非常震撼。」

一趟哈佛取經之旅，幫助賴鴻政重新調整了創業步伐，方向也更明確。

比方，創業之初，很多人遊說他「自己來當CEO」，還有人

賴鴻政（左2）與團隊開發偵測子宮內膜癌甲基化基因生物標記之分子檢測技術，偵測子宮內膜癌準確度可達90％，獲第13屆國家新創獎。

說：「只要你（賴鴻政）當CEO，我就投資很多錢。」

賴鴻政自問：「我適合當CEO嗎？」「什麼樣的人適合當生技產業的CEO？發明人、醫師、教授適合嗎？」

儘管答案因人事時地物而各異，但從美國回來後的賴鴻政認為，CEO是決定公司存活最關鍵的人，加上生技醫療創業門檻較高，從臨床試驗、產品生產、專利維護到法規遵循，不只要與

不同單位溝通，還需要龐大資金，如何吸引投資人、創造正向金流，都是很大挑戰，「臨床醫學、基礎研究距離創業太遙遠，我也沒有商業經驗，就應該找合適的人選擔任CEO。」

正式成立酷氏基因

透過科技部育苗計畫，賴鴻政邀請在生物科技公司任職多年，累積許多新創、募資IPO實務經驗的清大分子與細胞生物研究所博士林淑娟加入創業團隊，林淑娟考慮一個晚上後便答應。

2018年8月，酷氏基因正式成立，林淑娟以專業經理人角色擔任共同創辦人兼執行長（CEO），領導公司方向與策略；賴鴻政則擔任共同創辦人兼首席醫務長，負責產品研發。兩人攜手合作，專注於產品研發、生產製造、臨床試驗及取證規劃。

酷氏的種子資金由賴鴻政、林淑娟共同出資，再找其他親朋好友湊到新臺幣1,000萬元，儘管加上天使投資人的支持，資源仍然十分有限。賴、林兩人深知投資人加持不可或缺，由林淑娟積極爭取競爭型經費、參加創業競賽，增加曝光機會、與投資人交流，使酷氏陸續獲得多項政府補助計畫資源，甚至獲得多項國際創投大獎。

賴鴻政則帶領研究團隊全心投入研發，並在2019年發表

基因檢測試劑MPap。M同時代表了Molecular（分子），和
Methylation（甲基化），Pap則是抹片，中文以音譯取了女性化
的名字「安蓓」。

只花3年，首次創業就成功的醫界傳奇

2021年，安蓓完成在雙和、萬芳、慈濟、臺中榮總、高雄
長庚等全臺多家醫院近千例的臨床試驗，並在中研院完成解盲，
7月29日通過衛福部食藥署三級醫材認證，成為全球第一個子宮
內膜癌輔助診斷的分子檢測試劑。

產品推行達成重要里程碑之際，酷氏的公司結構也往前邁進
一大步。2021年12月底，酷氏完成華聯生技併購案，成為華聯
生技子公司，與華聯生技資源共享，讓酷氏推進新商業模式、開
發更多創新產品的理想，如虎添翼。

目前，安蓓在全臺灣包括臺北醫學大學附設醫院、萬芳醫
院、雙和醫院等30多家醫療院所，都已經可以自費檢驗。賴鴻
政預估，在檢測服務普及後，每年將會有約6萬人採用安蓓篩檢
子宮內膜癌，市場規模有機會達到每年1.3億臺幣。

賴鴻政和研究團隊繼續優化產品。加入更多更好的基因、
檢測項目更多、準確度也提升的「安蓓2.0」即將發表論文；而

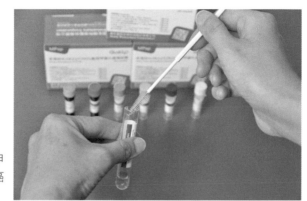

賴鴻政成功研發以基因甲
基化篩檢方式找出零期癌
症，準確度高達99%。

賴鴻政在新竹生醫園區的華聯生技辦公室裡，還擺了一個祕密武
器——RitaPap。

「Rita其實就是安蓓3.0，但採檢方式將有顛覆性進展，」賴
鴻政解釋，「安蓓1.0、2.0都還得到醫院採檢、看報告，這在
2023年實在太落伍。Rita將以衛生棉條居家採檢的方式，結合遠
距醫療、AI人工智慧，只要有異常出血，隨時都可以利用手機
App訂一組Rita，自行採檢後再以物流送回實驗室，24小時後便
能從手機上看到報告。低風險者我們給予衛教，高風險則建議趕
快就醫，甚至可以根據手機定位地點，推薦婦科醫生名單。」

賴鴻政樂觀預估，Rita在2024年就可以正式發表，使酷氏再
拿下一個全球第一——第一個走出醫院、走入家戶的子宮內膜癌

檢測試劑。

　　身為婦產科醫師、次專科走到婦科癌症，賴鴻政還有一個夢想：將癌症基因篩檢觀念和技術跨域到不孕症，創造精準生殖醫學的新里程碑。

終於可以把夢做得更大

　　賴鴻政的研究團隊已經證實，從子宮頸的基因與表基因分析，可以反應出子宮內膜狀態，而以Rita為版本的檢測工具，則能快速預測子宮接受胚胎植入失敗的風險，協助不孕症醫師選擇最佳植入時間，改善人工生殖的臨床應用。

　　這項檢測工具商品化後，賴鴻政估計光是在臺灣、美國與中國大陸市場，就有每年7億美元以上的市場規模。

　　「這就是重組（併購）後，酷氏未來的樣貌，有了母公司資金的挹注，我們終於可以把夢做大一點，」賴鴻政說，「新酷氏」不只解決婦科癌症問題，更將以女性健康為主，致力成為婦女健康的守護者。

　　從決心創業、研究成果商品化、取得食藥署三級醫材認證，到公司被併購，賴鴻政這一路只花了3年的時間；「首次創業就成功的賴鴻政」幾乎成為醫學界傳奇人物。

那麼，賴鴻政覺得自己成功了嗎？他給了這樣的回答：「通常新創公司被併購就是成功；但對我來說，要等到酷氏改變整個婦科診療行為、提升女性生活品質，才是真正的成功。」

　　從北醫大實驗室出發的跨界創新創業奇幻旅程，給了賴鴻政推動改變的力量及自信。

創業
關鍵突破

1. 在時任北醫附醫院長吳志雄支持下，建立轉譯實驗室。

2. 以基因甲基化篩檢方式找出零期癌症，準確度高達99%，成功研發全球第一個子宮頸癌篩檢的基因檢測技術。

3. 2019年發表基因檢測試劑安蓓。

4. 通過衛福部食藥署三級醫材認證，成為全球第一個子宮內膜癌輔助診斷的分子檢測試劑。

5. 整併為華聯生技子公司，與華聯生技資源共享。

我希望學以致用，
加速器官重建
發展，造福
有需要的病人。

第 8 堂課 —— 不給自己留後路

轉譯醫材研發
進軍國際

三鼎生技董事長 **歐耿良**

Innovator/08

以 3D 列印技術為基礎，
　　　鎖定全球器官重建市場，
　　沒有醫學背景、36 歲就當上最年輕醫大院長的歐耿良，
　　用專利技術走出一條破框之路。

撰文／黃亞琪　攝影／黃鼎翔　照片提供／歐耿良、臺北醫學大學

　　一個在人生中總是拿第一名，卻將成功路徑歸納為「誤打誤撞」，究竟是謙虛還是底氣夠足？

　　「兩者皆否」是三鼎生技董事長歐耿良的答案，從學界到業界創業的他，為自己下的註解是：努力加上天時、地利和人和。

黑手變成黃金手

　　他不僅是臺北醫學大學最年輕的院長，也是臺灣第一位非醫學背景出身的牙醫學院院長；同時將工程背景與醫學跨域整合，於2006年成功開發出臺灣第一支人工牙根品牌；也是醫學大學第一位榮獲國科會傑出技術移轉貢獻獎及科技部傑出研究獎的得主。

　　在北醫大，時任主任的歐耿良帶領生醫器材研發暨產品試製中心，透過產學合作的方式，進行生醫器材研發轉譯，包括3D生物列印，建立完整的生醫器材及生物性3D列印系統。

　　這一項技術，讓歐耿良締造全國生技類最高金額技術授權案、國科會投資報酬率最高技轉案，也成為臺灣第一家從學界衍生的生物3D列印新創公司董事長。

　　跨足學界和業界的歐耿良，在學術研究、研發與技轉上的殊榮不勝枚舉，但坐在汐止科學園區、帷幕大樓辦公室內的他，

> **研究工作著重發現不同變化而加以實證，**
> **產業研發則是講究凝聚共識，**
> **企業才能落實邁進。**

談及創業過程，卻好似在講別人的故事般輕鬆，甚至淡然的說：
「第一名或最年輕，對我來說那一頁已翻過去，已成歷史。」

技術用在醫學，讓創新發揮價值

　　他強調，自己最重視的是價值，以及反饋社會。

　　「臺灣科技產業和生醫產業量體的差異，前者是消耗性產品，後者是客製化產品，」歐耿良剖析，「以產值看，科技產品勝出，但談到價值，醫療產品就高很多，且產品製造和使用週期較長。」

　　他認為，起步慢不見得趕不上，尤其是在臺灣的生技新創公司，而穩健前行是歐耿良一貫的節奏。

2022年，時任臺北醫學大學董事李祖德（左4）、校長林建煌（左6）與衛福部部長陳時中（右5）、日臺交流協會副代表服部崇（右3）等人，共同見證三鼎生技與昱捷的跨域合作。（左5：歐耿良、右4：昱捷董事長蔡棟國）

　　創新能否發揮價值，是他的核心理念，也與其核心技術應用於醫學息息相關。

　　「所謂『單一技術多樣性』，就是研發出來的核心技術，可以應用在食衣住行育樂上面。而我專注在醫療方面的表面處理，就跟車子鍍膜、女孩子怕曬太陽要擦防曬乳的道理一樣，」他輕

描淡寫比喻,在1980年代,黑金剛手機很大支、訊號也不怎麼好,現在則可以做得小且薄,因為內部元件也同步可以製造到薄如羽翼般,因此元件雖然是由鍍模技術一層一層塗上去,但功能性卻絲毫不減。

這是黑手變成黃金手的技術門檻,也是歐耿良的技術被埋單的關鍵。

如同台積電能成為護國神山一樣,道理就在於將本來碩大的元件做到奈米大小的技術。也就是說,原本可以放一百顆元件的容量,將隨尺寸縮減,使存放容量變大一萬倍甚至十萬倍,元件不但變小放得進去,而且精確度和準確度亦倍數增加。

比競爭對手多一步

3D生物性列印是三鼎生技目前業務主力,目標就是發展器官重建,以3D列印技術為基礎,從口腔與顱顏重建為出發點,導入生物墨水(BioInk)、多元影像重建技術,發展顱顏顎面重建的精準化高階醫療器材,鎖定全球牙科市場需求量最大的三大產品,包含骨形者骨替代物、戴立美透明矯正器,以及齒再礦化/充填系列產品。

但歐耿良眼光更前瞻,把中長期目標鎖定在複合醫材開發平

> **" 成功是別人給的，
> 　　失敗是自己找的。 "**

台，自主研發軟組織重建產品，因此，三鼎以臺灣少見的經營方式，同時大膽切入新藥及醫材開發。目前，在醫藥軟組織方面，自主研發治療禿頭的「毛囊重建技術」，發展毛囊幹細胞，透過3D列印出一顆顆毛囊種子，再進行有毛囊皮膚的重建。

　　器官3D生物性列印一體適用，他以肝臟再生為例，如果肝癌切掉三分之一，就算已經不是原來形狀還是可以存活，這說明人類生存要件是五臟俱全，而非形體框架，生物性列印技術則能維持人體器官功能，還可以任意改變其形狀。

把技術做到接近藝術的境界

　　歐耿良所研發的專利技術之超越他人，正如同他一路走來的「破框」之旅般亮眼。

　　藉由3D生物性列印協助器官重建，最困難之處，就是要如

何精準的把組織細胞列印出來，還要維持功能。

「這就是門檻，我們的技術可以做到手術後快速癒合，」他點出三鼎技術關鍵，「功能化處理，聽起來好像很簡單，而我們的核心祕訣其實也很簡單，就是做到比其他競爭對手多功能性，盡可能達到百分百精準度，接近藝術的境界。」

言簡意賅但卻很寫實，許多技術到最後就是藝術。

他也一邊拿起牙齒模型、一邊解釋，人體骨頭是多孔型的，如同網子，所以塗上去的材質跟人體體質愈接近，相近性就愈好，結合性也會更密合。

推動法規，跟上業界腳步

歐耿良補充：「塗上這層物質之後，你就要驗證，這個物質與人體體質是相容的，而且不會產生過敏排斥現象。」

舉凡基因突變造成問題，或者釋出毒性物質，都需要經過驗證，每一個步驟息息相關，也馬虎不得。

「除了產品具精確度和準確度之外，另一個關鍵是法規必須走在產品之前，而創業者更要懂得做出符合法規的產品，才能走在浪尖前面，」然而，3D列印器官的概念太過新穎，法規還沒有跟上業界開發的腳步，也使得歐耿良投注許多心力，積極推動

3D生物性列印是三鼎目前的業務主力，歐耿良表示，目標是發展複合醫材，並同步開發器官重建，進行臨床轉譯。

相關法規。

截至目前，歐耿良在專利授權金加衍生利益金上，幾年來總計授權約6.7億多元。

學界求異，產業求同

創業後的他體悟到，「學界求異，產業求同」，研究工作著重發現不同變化而加以實證，而產業研發則是講究凝聚共識，產

學才能共同邁進。

他在產學交流過程裡發現，一條中間線畫出兩個世界，「就例如腳踏車可以動是因為齒輪間精準的接合，有好的能量交換，就可以順利的運轉，若齒輪之間無法準確組合，突然卡死，騎乘的人就可能會飛出去。」

歐耿良認為，走上生技創業路，花費的不僅是巨額資金，「還有無止境的時間和心力，才能做到精準性、準確性，最後達到適用性。」

而當眾人認為，當一般教授或者院長的研究生活就很好，為什麼選擇跳入夜夜煩惱研發與經營的火坑？「我不覺得是火坑，業界也很適合我，雖然說的確是火坑，」有著一張娃娃臉、帶著憨厚表情的歐耿良幽默的說。

其實會踏上創業路，對歐耿良來說，是一段無心插柳、柳成蔭的故事。

技術獲青睞，走上創業之路

交通大學機械工程博士的他，到北醫大不過短短6年時間，就擔任口腔醫學院院長，起初只是為了籌措改建大樓的資金，博士期間就有產學交流經驗的他，尋覓生醫界企業家時遇上了鑽石

生技董事長路孔明。

「結果他看了我的技術，反過來跟我說：『你自己創業，公司股票上市可以替學校創造財源或賺了錢回饋學校，要蓋幾棟就蓋幾棟！如果你願意帶領團隊將專利技轉創業，我馬上投資你5億元。』」歐耿良回憶道。

人生之路總是破框而行

那時候，他想想好像也有道理，但當下並沒有答應，到了第4天，路孔明的資金就到位。

「路董事長告訴我，5億都準備好了，當時我心想，他要不是騙子，就是家裡開銀行，」原本歐耿良只是準備募款蓋一棟口腔學院大樓，卻變成募到一間公司，起初只想向企業家募款2,000萬元卻獲得5億元，整整高於預期25倍。

「人要因運而生，趁勢而起」，時任北醫大董事長李祖德的建議，成了歐耿良從學界踏出去的關鍵，當然，前提是要有底氣，那個底氣對於歐耿良來說，就是專利技術。

為什麼機會總是出現在歐耿良手上，而不是別人？

「我常跟學生講，抬頭要有底氣，低頭要有勇氣。一如上臺領獎時要有底氣，因為你的努力值得；當時有人願意投資我，也

> **迎面而來暗潮洶湧的冷箭，**
> **是成功的墊腳石。**

是有計算過的，我的一個專利有辦法賣一億元，」歐耿良話語中，盡顯一股底氣。

說他的人生之路總是「破框」而行，不無道理。

成功，除了貴人還需要小人

「創業是每一天、每一夜的一件事情，還要背負員工生計，」歐耿良滔滔不絕說著自己的過去，打從念書開始從來沒有想過會創業，更沒有想過要當教授，小時候喜歡畫畫、還進過美術班，想當畫家，之後因為學的是工程，一度還想當「科技新貴」。

「後來念書時當家教、到補習班教書，接著轉到大學任教，變化其實滿大的，」已經到了知天命之齡的歐耿良，難得輕鬆聊著自己一路走來的人生抉擇，雖不像坐過山車一般起伏跌宕，卻也反映了「計畫趕不上變化」的真實。

2023年，歐耿良（第一排右3）獲邀回北醫大口腔醫學院演講，分享大學衍生新創公司邁向資本市場的經驗。（第一排左1為北醫大董事長陳瑞杰、左2為北醫大副校長張淑英）

「成功是別人給的，失敗是自己找的，」訪談中總是金句不斷的他，不免令人好奇是否有收集格言的嗜好，歐耿良表示，成功累積了格言，迎面而來暗潮洶湧的冷箭，則是成功的墊腳石。

36歲就成為全國醫學大學最年輕的院長，數不完的得獎殊榮，一度讓人眼紅，「我到科技部開會，大家以為我很有錢，就說不用給我計畫支持。」

「人想要成功除了底子厚，還要小人追殺、貴人相助，」他不因此懷憂喪志，山不轉路轉，沒有計畫、少了經費支持研究，他想辦法自己賺。

自忖擁抱一種無知快樂的歐耿良表示，「一開始的1億5,000萬元授權金，繳交給政府與學校，我自己僅剩3千多萬元，留在研究中心聘人、養人，」他的捨得，無意間也累積了自己的成功種子，也就是團隊。

變則存，不變則亡

他稱為老師的李祖德，當時請他當院長，看中的正是歐耿良的人格特質。

當時口腔醫學院「靜極思變」，李祖德告訴歐耿良說：「變則存、不變則亡。我需要一位能改變文化的院長進行變革。」

　　沒有人脈也等於沒有包袱，加上南部小孩出身、念工程的他苦幹實幹，從教授、主任到當上院長，從學術研究、論文發表到行政開會，他什麼都做，一個人包辦。

　　也因此，北醫大有個傳說——歐耿良永遠知道誰最早到、誰最晚走，因為他當教授時睡實驗室、當主任睡在辦公室、當院長時睡院長室，而且他身先士卒。

　　當然也有人唱衰，說他一個月後就會打包走人，但歐耿良不只沒走還成了募款王；也有教授揚言離開，但他篤定對方不會離開，結果也穩定了人心。

自己要先上路，才有同行者

　　在歐耿良身上看不到學者大老或者董字輩的架子，他將自己做小，「董事長是公司裡面最小的，檢調來找的是董事長、勞資糾紛也找董事長，到法院也是董事長去，當然是最小的嘛！」

　　他是從學校辭掉教職出來創業，也已經把重心完全放在三鼎生技的運營上，「給自己留後路就不會專心，絕對不要捨不得又放不下。」

　　「我賺錢就分給團隊，大家願意跟我，我就希望他們的生活過得更好，」歐耿良的座右銘是「同行致遠，互為貴人」，只有

沒有人脈也沒有包袱，南部出身的歐耿良（中），沒有架子，勇於承擔，吸引了團隊夥伴（左起）陳釗炫、邱文彬、鍾瀅莛、林幼娟樂意與他同行。

自己先上路，才有同行者，如果我不願意挑戰和勇於承擔，別人也不會願意跟隨。

老是拿第一，是什麼感覺？

歐耿良直言，沒有特別的感覺，就像自己在打國術比賽般，很享受整個過程，打到冠軍賽時也沒特別感覺，因為沒有太大的勝負慾。

> **我們的核心祕訣其實很簡單，**
> **就是做到比其他競爭對手多功能性，**
> **盡可能達到百分百精準度，**
> **接近藝術的境界。**

　　「就是一步步實現想要達到的願望，也慢慢逐夢而成，」歐耿良這一份愈戰愈勇，面對、處理和解決問題的態度，讓他在創業路上愈走愈穩。

建議年輕創業者，不要眼高手低

　　青年創業風潮席捲全球，歐耿良給予年輕創業者的建議是，「不要眼高手低。」

　　「你要真摯，讓別人相信你會成功的，掛牌之前我都靠自己找錢，也曾遇到被投資人趕出來的情況，」歐耿良直言，自己也會有低潮時，但一下子就度過，要趕快往下一步走，才能夠快速擺脫掉負面情緒。

對他來說，投資人願意注入資本，就算成功七成，剩下的三成就是把握天時地利人和。這一段話既務實也寫實，更是血淋淋的體悟。

　　走在破框的旅途上，沿路許多的「第一」、「之最」等頭銜，都是一個個分號，歐耿良創業版圖的精彩故事未完待續……。

創業
關鍵突破

1. 將鈦合金材料運用在人體植入材料上，製作人工牙根，發展出臺灣第一個人工牙根品牌，牙醫界不必再仰賴進口而降低植牙費用。

2. 帶領北醫大生醫器材研發中心，透過產學合作，建立完整生醫器材 3D 列印系統。

3. 研發治療禿頭的「毛囊重建技術」，透過 3D 生物列印毛囊種子，進行有毛囊皮膚的重建。

我要讓創作者
不再綁手綁腳，
作品能更完整的
被傳達。

改變音效體驗
讓創作者說更好的故事

Ambidio 創辦人 **吳采頤**

Innovator 09

從醫技到音樂，從腦神經科學、心理學到程式語言，
在北醫大學到的知識，都是吳采頤日後創業的養分。
更重要的是，醫學指引的邏輯思考，
幫助她在碰到問題時，尋找答案和解方。

撰文／陳培思 攝影／黃鼎翔 照片提供／吳采頤、臺北醫學大學

九年前，音效技術Ambidio橫空出世，一舉顛覆聲音傳輸以喇叭為主的技術，瞄準大腦為出發點，利用人腦與生俱來的聽聲辨位功能，讓聲音聽起來更栩栩如生。

只要創作者在後製加入Ambidio技術，不需要穿戴任何裝置，也不需要花大錢購買音響設備，觀眾在家透過筆電、手機觀看影片，就能「聲」歷其境，感受到電影院的環繞音效。

劃時代的音效技術Ambidio，出自畢業於臺北醫學大學醫學檢驗暨生物技術學系的吳采頤之手，不僅受到好萊塢最大的後製音效公司天行者音效（Skywalker Sound）青睞，成為策略夥伴，也吸引迪士尼的注目，並獲得美國嘻哈團體黑眼豆豆主唱威爾（will.i.am）、香港首富李嘉誠旗下的維港投資（Horizons Ventures）的資本支持。

2019年，Ambidio獲得好萊塢專業協會（Hollywood Professional Association）傑出工程技術（Engineering Excellence Award）榮譽獎，是有史以來最年輕、規模最小的獲獎公司；爾後，吳采頤受邀擔任奧斯卡科學技術獎評審委員，是臺灣第一人。

2021年，吳采頤更以Ambidio創辦人身分，獲好萊塢專業協會頒發鍊金術士獎（the Alchemist），此獎專門表彰為後製領域帶來實質效益的創新者；還曾被選為40位不到40歲的企業精英（40 Under 40，2016年）和亞洲50強新星科技之星（Asia's Top

> **通常新創事業會成功，都是起因於**
> **有個強烈被需要解決的問題。**

50 Rising Tech Stars，2017年）。

這一切，都源自於吳采頤對於音樂的堅定狂熱。她的初衷及理想，就是提供一個好的工具，讓創作者們有多一種說故事的方式，說出一個更好的故事。

沒有人解決的問題，我來試試

讓人驚豔的 Ambidio，簡單來說，就是讓大腦辨識出聲音大小、高低、遠近，使聲音在腦中重新定位，呈現出立體環繞效果，聽起來更具臨場感。

「就像 3D 電影利用左右眼看到不同的影像，在大腦中合成立體影像，Ambidio 讓大腦以為那裡有聲音，聽起來就會非常逼真，」吳采頤透過一般人較熟悉的 3D 影像說明。

從北醫大畢業後，吳采頤
到美國攻讀音樂科技碩
士，在27歲那年創辦了
Ambidio。

　　這項技術的起源點是吳采頤在紐約念研究所時，有次用筆電看電影《變形金剛》，「畫質超好、特效超棒，但透過傳輸出來的聲音，完全無法與震撼的視覺效果相比，畫質和音效比例遠遠失衡。」

　　同時，吳采頤為了一件混音作業，在錄音間熬夜好幾天，嘔心瀝血完成作品，但傳到另一頭，導演用筆電一聽，卻反應聲音太扁平單一、不夠豐富。

　　因為設備造成的傳達落差，讓聽感大打折扣，效果永遠和錄音室聽到的相差一大截，這讓吳采頤像是喉嚨哽著一根魚刺那般難受，「和所有創作者一樣，都希望心血結晶的作品，別人能百分百完整聽到我想傳達的東西。」

有沒有什麼方法，可以不花大錢買高檔音響，就可以獲得最好的聲音？

吳采頤搜尋市面上所有產品，卻始終沒有找到理想的解決方案，讓她內心忍不住興起一個念頭，「既然如此，我就自己來解決這個問題！」

既然能想到，沒有道理做不到

攤開現有研究，大家的思考路徑都是以喇叭為出發點，為了使音效更加立體，不斷改良喇叭音質或增加喇叭數量，吳采頤突然靈光乍現，掙脫原來的框架，「我們的兩隻耳朵，接收聲音傳遞到大腦，所以有了立體聲，那為什麼不跳過喇叭，從解讀聲音的大腦下手呢？」

「換句話說，我不需要搞定多少個喇叭，只需要搞定耳朵輸入，讓大腦認為那邊有聲音就可以了！」她決定從大腦來尋找答案，這樣可以不用改變音質，就能提高聲音的空間感。

於是，吳采頤提出了碩士論文題目構想：讓大腦辨識聲音的各種線索，來重建環境音效。

這個新穎又大膽的想法，吳采頤身邊聽過的人都拍案叫絕，卻同時也潑了她一桶冷水，「大家都認為是個好點子，但要做到

吳采頤（中）創辦的Ambidio，豔驚好萊塢，接連於2019年、2021年，獲得好萊塢專業協會肯定。

太困難了，也遠遠超過碩士研究範疇，」但吳采頤絲毫沒有被動搖，反而更加堅定，「既然是好點子，為什麼會達不到？」

「我認為最困難的部分，就是找到問題所在，」吳采頤不服輸的說，「既然我能想到，沒有道理做不到！」

吳采頤開始摸索嘗試各種方法、理論，要寫出能即時輸出 Ambidio 音效的程式，證明自己的理論可行，「我就是蹲在椅子上、一張小桌子前，一直試，經常弄到一個段落起身時，才赫然發現已經過了一天。」

為了找出答案，吳采頤甚至延畢一年，不斷反覆修改、試了又試，「記得那一天，我一如往常蹲在椅子上，重複已經做過上千次的動作，等程式跑完、按下按鍵，但這次居然 work！我自己也嚇了一大跳，第一個念頭是『我要先離開冷靜一下』。」

在紐約的小小房間，吳采頤開啟了新一波聲音革命，改變聲音體驗，為 Ambidio 時代拉開序幕。

獲電影音效領導者肯定

吳采頤的碩士論文，完成了 Ambidio 初步雛形。

興奮到難以言喻的吳采頤，到處和別人分享自己的成果，逢人就展示，「我給你看一樣很酷的東西！」

> **新創創業家共同具備的特質，**
> **就是看事情的角度和別人不一樣，**
> **能把很多看似各自不相關的東西，**
> **找到之間的關聯串接起來。**

　　然而，即使這時候，以 Ambidio 技術創立公司，仍完全不在吳采頤的人生計畫上，甚至是不曾經思考過的選項。

　　直到有次在實驗室裡，碰到一位投資人，吳采頤再度分享 Ambidio，引起對方高度興趣，「剛開始我沒特別想法，就是單純分享，漸漸的從別人的反應發現：這似乎不是個普通的東西，」她也才開始意識到，Ambidio 的價值與發展可能性。

　　Ambidio 的聲音傳輸技術，讓許多人驚豔，在創作者和業界被輾轉分享，Skywalker Sound 看到了它的潛力，主動邀請吳采頤到舊金山錄音室展示。

　　「Skywalker Sound 是電影音效界的領導者，是聲音後製專業人士們嚮往的最高殿堂，」談到第一次走進 Skywalker Sound，

那份激動的心情，吳采頤仍記憶猶新，「和首席工程師莫瑞斯（Steve Morris）第一次見面時，看他面無表情，我心想『沒關係，至少我有見到他就夠了』，但在展示完後，他突然笑了一下，我心裡就覺得：我成功了！」

那份認可，對吳采頤而言，是至高無上的榮譽。

之後，吳采頤獲得 Skywalker Sound 的肯定，進一步成為策略夥伴。

為了繼續把 Ambidio 分享給更多人，於是，吳采頤找來 3 位臺大電機系畢業的夥伴們共同合作，著手成立新創公司。

創業不是目標，是過程

許多人眼中，吳采頤是相當成功的創業者，但對她來說，創業從來都不是目的，只是為了達成目標的一段過程。

「為了創業而創業的人，真正成功的人少，」吳采頤強調，「通常新創事業會成功，都是起因於有個強烈需要被解決的問題。」

如果沒有發自內心想解決什麼問題，只是以創業為最終目標，這趟航行可能永遠到不了終點。

「就像是《航海王》終極目標是要尋找大祕寶，不管走哪條

路，主角就是要找到大祕寶，」吳采頤用漫畫做為比方，「如果你不知道終點在哪，就會在海上漫無目的漂流。」

吳采頤建議想投入新創事業的人，「你憧憬的到底是什麼？為什麼一定要創業？沒有其他路嗎？」要把目標釐清，才有辦法克服創業過程中遇到的無數問題。

像玻璃罐裡的蒼蠅，不停衝撞

面對創業每分每秒都被綁在工作上，總是有層出不窮的問題，到處碰壁是家常便飯，生活中劇烈的起伏波動，吳采頤認為，其中最困難的是面對自己。

「過程中有很多徬徨，熱情會被消磨、自我懷疑，這樣選擇是對的嗎？犧牲這麼多是值得的嗎？」吳采頤談到，「必須想清楚哪部分是最重要的，不能妥協，當遇到心情低潮、很難過關時，有清晰的目標，比較能調適好心情，再度整裝出發。」

Ambidio成立之初只有4個人，即使現在，團隊也只有10個人，雖然有許多機會，但吳采頤始終不急著擴張事業版圖。

經營會面臨許多的抉擇，有清晰的目標，才不會搖擺不定，「讓Ambidio直接搭載在手機或筆電上，公司就能立刻獲得大筆收入，但我們沒有這麼做，」對吳采頤來說，這樣的「成功」是

無論創新或是創業，都有個「創」字，表示不是一條別人走過的路。吳采頤鼓勵有志創業者，不要害怕和別人不一樣！

短暫的，「我在乎的是影響力，現在做的事能為世界帶來什麼樣的影響。」

吳采頤想要發揮影響力，因為 Ambidio 讓創作者不再綁手綁腳，作品能更完整的被傳達，「每當得到創作者們的回饋，我的熱情就會被重新點燃，有力量繼續拚下去。」

> **＂**為了創業而創業的人，你憧憬的
> 　　　到底是什麼？為什麼一定要創業？
> 沒有其他路嗎？要把目標釐清，
> 　　　才能克服過程中遇到的無數問題。**＂**

「我認為自己有盲目的樂觀！」吳采頤說：「我不會接受『No』這個答案，我無法理解為什麼做不到？」

對於想做的事，吳采頤不放棄任何可能，會窮盡所有辦法找路到達，對於想要達到目標的執著，她自己形容，「我就像是被裝在玻璃罐裡的蒼蠅，會不停的去衝撞。」

吳采頤決定出國念書時，完全沒有考慮錢夠不夠。「出國後我就是拚命打工、兼助理、接案子，甚至去學校的免費餐會，找機會拿麵包囤起來吃，」她說：「達成目標有千千百百種方法，但就是沒有做不到。」

「面對想做的事，即使前面是懸崖，我都會去跳，」吳采頤笑著說：「總要先跳下去才知道腳會不會斷，不跳我心裡會過不

去，因為永遠是個未知數。」

然而，跨出第一步，對許多人而言卻非常困難。

相較於西方人有了想法容易放手去嘗試，吳采頤認為，臺灣多數人會偏向選擇比較「安穩」的路，要踏出去第一步時，經常會覺得自己還沒準備好而躊躇不前。

「沒有準備好才開始這回事，就像準備考試一樣，如果有多三天時間，就會多念三天，永遠不會有準備好的一天，」吳采頤鼓勵大家在有興趣的領域有想法時，勇敢的推自己一把，不要因為害怕未知的未來，而自我設限。

攤開吳采頤的學經歷，從醫技到音樂，從腦神經科學、心理學到程式語言，很多人都認為吳采頤的「跨域」，橫跨了非常大的經緯度。

「大家看我從一個領域移動到另一個，」但事實上，吳采頤自己卻覺得不然，「這些其實都是我的興趣所在。」

建立思考邏輯模式

一直以來，吳采頤對「人」充滿了興趣，「我對於人為什麼會這樣、大腦怎麼運作認知，就是覺得好好玩，超級喜歡，」不為了學分、沒有特別的目的，單純興趣使然。她在北醫大就讀

> **我並不是現在需要程式語言，才去上相關的課，
> 我的學習可以說很雜亂無章，
> 就是把有興趣、有需要的東西都抓進來，
> 揉成一整團，變成自己的東西。**

時，就會旁聽各種心理學課程，在美國讀研究所，就選修音樂心理學，也很喜歡看這方面的書籍。

「我並不是現在需要程式語言，才去上相關的課，」吳采頤解釋，「我的學習可以說很雜亂無章，就是把有興趣、有需要的東西都抓進來，揉成一整團，變成自己的東西。」

嘗試開發 Ambidio 的過程，吳采頤就以自己既有的程式語言基礎，在網路上搜尋別人寫過的程式，根據自己的需求拆解、修改，真的不懂就去問朋友，「這些都是為了達到目標必經的過程，需要就去學、去做，沒有特別想過它們是不是自己原有的領域，懂不懂、會不會。」

「過去的人生、求學經驗，都會在未來的某一天派上用場，」吳采頤談到。

像是「大腦對聲音的傳遞路徑」、「大腦對聲音的處理」，這些在北醫大學到的生物知識，都化成了吳采頤日後發展Ambidio的養分。

更重要的是，在北醫大的學習中，奠定吳采頤的思考方式，能在碰到問題時用來思考對策以及解方。

人生各種超展開

在旁人眼中，覺得吳采頤做決定非常衝動，事實上，她有一套非常科學的思考模式，「我非常喜歡沙盤推演，腦中總會一直不停想，要怎麼達到目標、遇到各種突發狀況，該如何應對，心裡會預先準備好各種劇本。」

這樣的思考習慣，來自於大學時期的大量訓練，特別是醫學指引（medical guidelines）的邏輯思考，讓吳采頤獲益良多。

這是一套醫療決策的過程，是要讓治療標準化、提升醫療品質、降低風險，確保病人獲得最佳的醫療護理，在有限時間內處理、思考判斷。例如採樣檢體後，要知道是否罹患疾病，就得按步驟先觀察各項指標，接著再依不同狀況，往後延伸到下一個對應步驟。

「習慣了這樣思考之後，無論在生活中或工作上，就會知道

要怎麼尋找答案，以及解決問題，」吳采頤談到。

「我一直認為，我的人生就是各種超展開！」吳采頤為自己的人生，下了這樣一個注腳。

在大四實習時，吳采頤碰到一個白血病的小孩，上午才做完檢查，還在輸入報告時，孩子就已經因病離世，「這給我很大的衝擊，強烈感受到醫院離生死太近，我的情緒會處在瀕臨崩潰的狀態。」

這促使吳采頤放棄在醫院工作，轉而投向音樂的懷抱。「我覺得音樂不只能帶給很多人快樂，也可以治癒很多人，在難過的時候，音樂作品的陪伴，能讓人覺得你並不孤單，」比起第一線的醫療工作，吳采頤覺得音樂更適合自己。

其實從高中開始，吳采頤就一直在樂器行打工，從北醫大畢業後，吳采頤繼續在樂器行教吉他，但兩年過去，開始覺得自己似乎原地踏步，決定到美國攻讀音樂科技碩士。

吳采頤原本主修電影配樂和音效相關課程，但一次意外聽了一堂 3D 音效課後，就改成了主修 3D 音效。

碩士論文又讓她轉了一個彎，沒有走上原先以為會進入的混音行業，而是在 27 歲那年創辦了 Ambidio。

在經營公司的過程中，吳采頤發現如果單純只推銷產品，並不容易被買單，更多機會來自於與人交流，於是，她積極參加好

2018年，吳采頤（前排左3）回母校北醫大分享創業經驗，鼓勵學弟妹勇敢跨出第一步，追求夢想。（前排右3為時任校長林建煌）

萊塢各種影視協會和活動，隨著人脈網絡不斷拓展，又帶來各種新的可能。

　　持續把觸角伸展到有興趣的領域，吳采頤從聲音跨足影像，經營Ambidio之外，還擔任全球市占率高達7成的電影投影機公司——巴可（Barco）的高動態範圍（HDR）工作流程顧問，也因為對電影的熱情，協助推動亞洲日舞影展（Sundance Film

Festival Asia）首度移師臺灣舉行。

　　吳采頤的精彩人生，還在無止境的超展開中。

　　「在臺灣的創業或創新，我比較少看到真正的新，」根據吳
采頤觀察，臺灣新創經常是把別人做過的東西，改良成適合臺灣
的版本，而不是突破性的創新。

　　「若有人已做出1，臺灣可以做到99，很擅長把別人的東西
做到更好，」吳采頤感到可惜，「但就是缺少了從0到1。」

創新就是要問為什麼

　　她不諱言，在國外比較常遇到令人驚嘆的有趣點子，無論是
從一個意想不到的角度切入問題，或突破了大家過去的盲點。

　　「也許是臺灣養成教育中，比較習慣跟隨，不太挑戰老師說
的東西，也不太會問問題，」吳采頤談到，「但，創新就是要問
那個為什麼。」

　　要能從0到1，也涉及了視野的廣度。

　　吳采頤發現，新創創業家共同具備的特質，就是看事情的角
度和別人不一樣，能把很多看似各自不相關的東西，找到之間的
關聯串接起來。

　　「焦點只放在一個領域，思維容易僵化，會缺少了其他的可

能性，」吳采頤建議，如果能把目光同時看向其他領域，把不同的東西連結在一起，比起在單一領域打轉，會有更多機會碰撞出新的火花。

「不要害怕和別人不一樣！」吳采頤鼓勵，「別人走過的路，未必就是你該走的路。」

在創業過程中，吳采頤聽取過許多前輩的經驗談，但她強調，「因為各自的時空背景、想做的東西不同，每個人的創業經驗只能做為參考，沒有辦法被複製。」

「無論創新或是創業，都有個『創』字，就表示不是一條別人走過的路，所以你沒有辦法跟著別人的軌跡走，」吳采頤談到，「『創』，就是各種披荊斬棘、各種撞牆，這道牆撞不破，也許試著撞另外一道牆，或者，找更多的人一起撞，嘗試所有方法，直到牆鬆動的那天為止。」

創業
關鍵突破

1. 開發聲音技術 Ambidio。
2. 香港首富李嘉誠、迪士尼投資；成為好萊塢最大的後製音效公司天行者策略夥伴。
3. 與 Netflix、華納等電影公司簽約合作。

第 10 堂課 —— 拋開穩定，擁抱改變

創造知識
也創造經濟價值

臺北醫學大學前校長 **林建煌**

Innovator/10

為建立產學合作與新創育成的正向循環，
　臺北醫學大學大量採用衍生新創模式，
　林建煌也全力支持學校教授，讓知識更進一步創造出經濟價值。
　不只要北醫大好，還要提升臺灣的醫療創新風氣和文化。

撰文／陳培思　攝影／黃鼎翔　照片提供／臺北醫學大學

我想讓
臺北醫學大學
成為臺灣生醫聚落
發展中心。

「希望未來有一天，許多北醫大教授會像史丹福大學教授一樣，名片上同時也印著某公司創辦人的頭銜，」曾擔任校長6年，2023年7月底剛屆滿卸任的臺北醫學大學胸腔轉譯醫學講座教授林建煌指出，國際生醫產業聚落常以大學為發展中心，例如美國矽谷，就是以史丹福和柏克萊等大學為中心，而北醫大持續朝向創新型大學邁進，以成為臺灣生醫聚落發展中心為目標。

北醫大以史丹福大學和矽谷產學合作為標竿，促進生醫人才在大學和產業間流動互通，形成創業創新的良好循環，除了重視學術研究論文的質與量，更聚焦癌症轉譯、神經醫學、精準健康和智慧醫療等領域，著重創新研發的產業價值，成為生醫新創事業的搖籃。

不只著眼於卓越的學術成就

2023年，北醫大榮獲經濟部國家產業創新獎「組織類：卓越創新學研機構」肯定，以人才培育與技術創新，透過大學加速器帶動30多家國內外新創，發揮對臺灣產業的貢獻，是國內首度有生醫領域的大學，奪得此項殊榮。

林建煌欣慰的說，這20年來創新創業已在北醫大落地生根，不僅是理念的倡導，更是行動的實踐，如今正逐漸開花結果。

2019年，時任北醫大校長的林建煌（中）率隊參訪柏克萊大學取經，引進國際加速器模式，希望打造北醫大為臺灣生醫聚落發展中心。（左5為柏克萊大學工學院國際長 Anthony St. George）

　　早年北醫大致力發展成為高品質的研究型大學，但逐漸發現，要永續發展，這樣的目標還不足夠，因此20年前即以「創新」為方向。2020年，林建煌提出，「以醫學教育為本，生醫臨床為用，具社會影響力的創新型大學」的嶄新定位，正式開啟北醫大的嶄新里程碑。

> **大學最珍貴的資產，就是知識，**
> **除了把創造的知識發表論文，**
> **並且提高學校聲望之外，**
> **從經營的角度看，就是要把研究輸出，**
> **讓知識更進一步創造出經濟價值。**

「創新型大學」可以視為研究型大學的 2.0 進階版，重視研發成果的產業應用性。

「大學不僅要傳授知識，更要創造知識，然而，即使研究成果被發表在國際頂尖期刊論文，這些知識若僅被放在圖書館裡束之高閣，大學的任務就只做到了一半，」林建煌表示，「創新型大學就是繼續把事情做完，」不只著眼於卓越的學術成就，更要讓尖端的研發成果實際應用到產業。

「我就像傳教士一樣，要讓組織上下都很清楚，我們要往哪裡走，」林建煌指出，在擔任校長期間，提出創新型大學定位的主因，「有了精準明確的論述，這樣就能讓大家一目了然，形塑

全校師生共識。」

創新型大學的另一層意義，就是要發揮更大的社會影響力。

除了培育優質醫事人員，北醫大把目標擴大，希望透過體制內教育模式的革新，導入國際創新思維，培養生醫高階跨域人才，協助臺灣生醫產業發展。

學校，陪同新創公司成長

面對多變的未來，創新，是唯一不變的策略；唯有創新，才能一次次調整，在時代的洪流中站穩腳步，不被淘汰。

一直以來，北醫大不僅提倡創新，更透過創新經營，將教育、研發、產業一體化。

「現實的問題是，要把學校經營好，需要非常充足的資金，」林建煌坦言，「創新」的價值觀能在北醫大裡獲得認同，來自於經營上的考量，因為唯有健全的財務支持，才能讓學校得以永續發展。

他指出，臺灣的低學費政策，使得私立大學的學雜費不足以維持學校運作，校方勢必得尋求創新的經營方式，以求生存。

北醫大一校三院體系就像企業集團，由母公司北醫大統籌管理，現階段3家附屬醫院就如同分公司，將部分營收挹注學校發

展，然而長遠來看，學校仍需要開拓更多元的收入。

　　林建煌闡述北醫大的思考策略，「大學最珍貴的資產，就是知識，除了把創造的知識發表論文，並且提高學校聲望之外，從經營的角度看，就是要把研究輸出，讓知識更進一步創造出經濟價值。」

　　運用企業經營的思維，北醫大以充分的靈活度、創新性和前瞻性，全力支持學校教授在創造知識後進入產業，靠著產學合作及衍生新創開拓財源。

　　早期，北醫大產學合作以委託研究、技術服務、檢測檢驗為主，協助許多企業產品上市；逐漸從傳統的委託研究，轉變為共同研發，產、學雙方共同投入既有技術，合作所得的研究成果智財共有，也一起分享所獲得的收益，藉由這種方式提升學校老師投入意願，加速研發進程。

　　現在，北醫大更聚焦鼓勵教授創業，成立衍生新創公司。

鼓勵教授創業，創造共好雙贏

　　「相較於把研究成果技轉，一次賣斷獲利了結，我們更傾向股份轉移（spin off）成立新創衍生公司，」林建煌說明，要把眼光放在更長遠的收益上，「有時研發成果非常具前瞻性，但短時

> **塑造文化，並不是少數人大聲疾呼就有用，需要很長時間的努力，才能形成所有人共同的價值觀。**

間能產出的現金價值有限，所以學校以取得衍生新創公司的股票方式做為投資，陪同新創公司慢慢成長發展。」

有別於一般產學合作，「衍生新創」以北醫大研發團隊技術出發，成立新創公司。

北醫大並非透過導入廠商與師生合作創業，而是經由轉譯校內研究能量，輔導團隊將研究成果進行產品原型試製，給予創新創業相關教育訓練，導入業師制度指導創業實戰，協助募集公司所需資金及公司設立股權規劃，一步步帶領研究團隊走出學術象牙塔，最終成立公司，成為產業界的一員。

談到成立新創公司的優勢，林建煌指出，「當研究團隊擁有公司股權，在公司經營成功時，研究團隊的股權才會產生價值，而衍生新創公司會擁有最了解技術，而且願意全心投入營運的團

隊，連帶給予投資人信心，吸引他們願意投入資金，形成公司營運的正向循環。」

放眼未來，以這種模式運行，每間衍生新創公司，都能為北醫大帶來更多收入，獲利全數再投入學校經營，把學校經營得更好，又能有更多創新研發新血進入產業，創造共好雙贏的效益。

從旁協助，不讓老師單打獨鬥

要把學術圈的教授推向創業，必須跨越許多磨合與考驗，如果只有口頭鼓勵，往往成效不彰，「要創造出創業風氣，就要有人性化制度，」林建煌點出產學合作的關鍵。

北醫透過分潤制度、獎勵機制、科研導引，推動校內各系教授、所屬醫院把研究轉化為「可產業化的創新應用」，實質推動創新。

由學校建置平台，提供專業協助，包括要如何募資、報告，涵蓋創業歷程中所有的細節，解決創業路上會遇到的疑難雜症，具體幫助老師將研發往產業推進，不必單打獨鬥。

除了一般大學都有設置的研發處，北醫大另外設立行政單位「事業發展處」，藉由學校建立的行政平台，加速研發成果商品化與產業化。

林建煌認為，要把教授推向創業，必須跨越許多考驗，透過完備的制度及誘因創造動機，能催生出更多創新動能。

其中，產業鏈結中心建立和產業界合作的暢通管道；技術移轉中心協助研究成果申請專利，或把專利技轉到產業界。

為了能更有效接軌產業與學術，北醫大特別從業界聘請專業人員，並為這群「產學專業人員」量身訂做專門的敘薪辦法，優於一般行政人員。

另一方面，也積極創造誘因。新創公司團隊成員透過持股，或是擔任公司董事，共享新創收益。

為了鼓勵老師積極研發，北醫大從技轉金的分配比例著手，

結合北醫大醫療體系資源，加上成功創業家的經驗及創投資金，北醫大生醫加速器
協助學校具潛力新創團隊，成功進入市場。（左3為時任校長林建煌）

林建煌解釋，「如果做出成果技轉，成果有10元，就會分老師7元，學校一直維持給老師6到8成較高的分潤比例。」

然而，對許多教授而言，長年在學術圈從事研究，要放棄穩定教職，從「老師」變成創業「老闆」，投身全然陌生又極具風險的創業，往往讓人裹足不前。

為了更有效打破這個僵局，北醫大提供緩衝期，前3年可以不用借調。在公司早期發展的階段，老師可同時兼任教職及新創公司職務，不必陷入抉擇困境；經營過程中再逐步思考，要把公司交給專業團隊經營，自己回歸學校，或是親自投入公司經營，暫停學校教職。

同時，北醫大也提供多元教師升等制度，除學術研究與教學實務外，專利、技轉、產學合作等，都列入升等的考核計算。

對症下藥，透過完備的制度及誘因創造動機，自然能催生出更多創新動能。

「並非每個人的人格特質都適合當創業者，也不是每位老師都要投入創業，」林建煌強調，「創業不一定是指人，也可以用研發成果去創業。」

生技醫療產業範疇廣泛，包括新藥研發、醫材研發、智慧醫療等，商業模式有多種樣貌，運作方式同樣非常多元，林建煌指出，「老師可能做到第一階段或者第二階段就技轉出去，透過其

他的公司產出更大價值，而風險可以透過各種不同的商業模式去
承擔。」

　　相對於許多學校，北醫大充滿彈性，多重的制度與方法，靈
活的策略及運作方式，有效降低老師要跨出創新步伐的難度。

產、學、研、醫跨界合作，成果豐碩

　　近年來，北醫大在事業發展與產學應用上，收獲豐碩成果，
專利技轉比例居全國大學之冠，技轉金額超過 3 億元。

　　目前，北醫大衍生新創公司已達 29 家，包含智慧醫療、精
準醫療、醫療器材及新藥開發等不同類別的公司，累計實收資本
額近 20 億元。其中，三鼎生技更於 2020 年 12 月正式登錄興櫃，
實收資本達 5.56 億元。

　　現階段，還有兩家衍生新創公司正準備首次公開募股，林建
煌對未來充滿信心，「這只是剛開始，相信往後還有更多的衍生
新創公司將嶄露頭角。」

　　能擁有這些亮眼成績，正因為北醫大以「醫療創新、產業鏈
結、建構生醫創業生態系」為發展主軸，建構完善的產學合作基
礎設施及親產學的校園，打造良好的創新創業環境。

　　除了導入臺灣生醫與醫材轉譯加值人才培訓計畫（SPARK

> **並非每個人的人格特質都適合當創業者，**
> **也不是每位老師都要投入創業，**
> **創業不一定是指人，**
> **也可以用研發成果去創業。**

Program）多年，2020年，針對臺灣創業及投資圈較缺乏的早期生醫新創輔導，北醫大也啟動生醫加速器（TMU Biomed Accelerator），是臺灣首家國際級醫療大學加速器。

這個加速器結合北醫大醫療資源，加上成功創業家的經驗及創投資金，協助校內及國內外具潛力的新創團隊，驗證產品、加速募資，成功進入市場，推動臺灣成為全球生醫新創進入亞洲市場的入口（Gateway to Asia and Global Expansion）行動方案。

至今，加速器已經輔導包含來自美國、加拿大、法國等地，超過31個新創團隊，並成功讓這些新創成立公司。

北醫大更以豐沛的研發能量與臨床場域做為後盾，提升產、學、研、醫跨界合作的綜效，協助產業研發、轉型。

> 即使不創業，
> 也要具有創業家的精神，勇於接受挑戰，
> 以創新方式解決現實世界的各種問題。

　　內部組建「三院諮議委員會」，包含北醫大附設醫院、萬芳醫院和雙和醫院的三院主任級以上決策層，探討與新創之間的潛在合作模式，轉譯校內研究能量，提供創新於臨床場域直接驗證的機會。

　　透過加速器與醫院的合作，能具體減少醫療新創半年的開發時間。

　　2023年啟用的雙和生醫園區，更是全臺灣唯一結合醫學大學、醫學中心及生醫產業，三位一體的生醫園區，做為支援醫學轉譯的重要基地，提供創新研發、臨床驗證、市場拓展、國際行銷資源的一站式服務。

　　北醫大整體的產學合作運營，也從原來由學校主責，改變為學校與3家附屬醫院共同推動，現在，也有愈來愈多臨床醫師投

入新創行列，共同實現北醫大推動醫療創新的方向與目標。

為了更完善創新創業生態系，北醫大積極建構沉浸式生醫創新創業學習路徑。

除了執行史丹福大學「臺北醫學大學－史丹福大學創新醫材設計國際導師計畫」（TMU-Stanford Biodesign Global Faculty In Training Program，簡稱GFIT）外，更著手成立北醫大生醫設計創新中心（TMU Biodesign Center），培育醫療創新人才，已有11位教師與醫師完成GFIT培訓，共培訓超過300人、67支團隊，未來將持續優化技術商轉平台，加速創新醫療科技產品上市。

林建煌指出，北醫大創業量能不斷持續擴大發酵，在可預見的未來，能看到更多創新成果。

創新創業，成為組織文化

這些年的醞釀，讓創新創業氛圍漸漸在北醫大成型。

創新創業的氛圍，也成為了學校招募老師時的一大誘因，吸引更多願意嘗試創新的老師加入行列，為學校注入更多創新的力量。

然而，林建煌認為，只有形成氛圍還不夠，最終目標，是要讓創新創業昇華成為北醫大的文化。

「即使不創業，也要有創業家的精神，勇於接受挑戰，以創

新方式解決現實世界的各種問題，」林建煌強調，創新不只是創業，而是勇於開創各種可能性。

由於新創有著高度的不確定性，需要投入相當時間及資源去挑戰，這些年來推動新創的過程中，林建煌發現，「習慣追求安穩」的思維，是最難以跨越的困難所在。

面對這個障礙，北醫大希望透過產出更多成功案例，激發更多的動力。

不只北醫大好，全臺灣都要好

塑造文化，並不是只有校長和少數人大聲疾呼就有用，需要很長時間的努力，才能形成所有人共同的價值觀。林建煌表示，「這些年來，我們努力創造氛圍，就是期望有朝一日，北醫大的每一位師生都有創業家精神，也有創新的思維。」

林建煌更希望隨著制度的建立，日積月累，在北醫大每個人心中都埋下創新創業的種子，喚醒每個人內心的創新特質，進而內化轉型，勇於接受挑戰。他眼裡的「創新」，不僅要不害怕改變，還要更積極的「擁抱改變，創造價值」。

「北醫大有個重要的理念：教育是為未來而教，為未來而學，」林建煌談到，立基於產學合作成果，培育具全球競爭力的

2022年，時任校長林建煌（左）代表北醫大與史丹福大學生醫創新中心執行長索爾（Gordon Saul）（右）簽訂生醫創新續約合作，讓世界看見臺灣生醫的力量。

創新研發人才。

　　由於生醫新興領域，需具備跨域整合能力，因此北醫大從2011年起，就開始推行「轉譯醫學」，深化校園創業風氣，把人才培育策略積極轉型為「生醫產業生態系人才」，以推動醫療生技產學為目標，在教學、研究等面向，都特別重視跨領域整合與創新，希望培養出「具廣度的生醫高階人才」。

❝ 即使不創業，也要有
　　創業家的精神，勇於接受挑戰，
以創新方式解決現實世界的各種問題。**❞**

　　更往上一層，拉高視野來看大學的創新，也是為刺激臺灣整體創新注入力量，讓學界的研發能量成為企業的創新動力。

　　「其實，臺灣生醫研發成果在國際上成效卓著，有許多研發型專利，名列全球前十，可惜的是，很多專利無法轉化為市場價值，使得成功案例偏少，」林建煌指出，臺灣需要更多的創新力量和實際案例。

　　這3年來，北醫透過建置生醫設計平台，協助臺灣連結國際資源，期望能鼓動臺灣生醫產業全力衝刺，取得國際市場發展的機會，幫助臺灣更多業者站上國際舞臺。

　　包括邀請矽谷的投資者和資金，並以全球型產品的角度給予建議，並舉辦連兩屆亞太生醫工程年會（BME IDEA APAC），與6個國家推廣生醫設計的機構進行合作，從課程設計、技術銜接、國際推廣等，以成為亞太創新樞紐為目標，讓國際看見臺灣生醫

新創的量能。

醫界能做的不只是醫療服務，還可以將臨床問題變成計畫，並且進一步提供創新的解決方案。透過北醫大投入一連串的創新，形成漣漪，往外擴散，不只影響北醫大體系裡的醫院，更期望帶動臺灣醫界創新風氣與文化。

「不只北醫大好，希望全臺灣都要好！」林建煌認為，唯有讓效益擴散出去，臺灣的醫療創新才能徹底提升。

北醫大期望建立一個產學合作與新創育成的正向循環，大量採用衍生新創模式，讓技術發明者能與經營團隊一起創造價值，這對臺灣社會與經濟能產生更大的影響力。

創新
關鍵突破

1. 產學合作模式從傳統的委託研究、技術服務、檢測檢驗，轉變為共同研發。產學合作所得的研究成果智財共有，共享所獲收益。

2. 鼓勵教授創業，成立衍生新創公司。

3. 透過分潤制度、獎勵機制、科研導引，推動學校各系教授、所屬醫院，把研究轉化為「可產業化的創新應用」，實質推動創新。

4. 提供多元教師升等制度，除學術研究與教學實務外，專利、技轉、產學合作等，都列入升等的考核計算。

醫學人文 BMP022

追熱愛的夢 走真實的路
創新創業 10 堂課

作者 —— 陳培思、林惠君、黃亞琪、朱乙真

客座總編輯 —— 吳麥斯
專案執行策劃 —— 湯雅雯

企劃出版部總編輯 —— 李桂芬
主編 —— 詹于瑤
責任編輯 —— 李依蒔（特約）
封面、版型設計 —— 朱振華
攝影 —— 黃鼎翔（特約）
校對 —— 魏秋綢

出版者 —— 遠見天下文化出版股份有限公司
創辦人 —— 高希均、王力行
遠見・天下文化 事業群榮譽董事長 —— 高希均
遠見・天下文化 事業群董事長 —— 王力行
天下文化社長 —— 林天來
國際事務開發部兼版權中心總監 —— 潘欣
法律顧問 —— 理律法律事務所陳長文律師
著作權顧問 —— 魏啟翔律師
社址 —— 台北市 104 松江路 93 巷 1 號
讀者服務專線 —— 02-2662-0012 ｜傳真 —— 02-2662-0007；02-2662-0009
電子郵件信箱 —— cwpc@cwgv.com.tw
直接郵撥帳號 —— 1326703-6 號　遠見天下文化出版股份有限公司

內文排版 —— 立全電腦印前排版有限公司
製版廠 —— 中原造像股份有限公司
印刷廠 —— 中原造像股份有限公司
裝訂廠 —— 中原造像股份有限公司
登記證 —— 局版台業字第 2517 號
總經銷 —— 大和書報圖書股份有限公司｜電話 —— 02-8990-2588
出版日期 —— 2023 年 12 月 25 日　第一版第 1 次印行

定價 —— NT480 元
ISBN —— 978-626-355-561-7（平裝）
EISBN —— 9786263555549（EPUB）；9786263555556（PDF）
書號 —— BMP022
天下文化官網 —— bookzone.cwgv.com.tw

國家圖書館出版品預行編目(CIP)資料

追熱愛的夢 走真實的路：創新創業10堂課/陳
培思,林惠君,黃亞琪等作. -- 第一版. -- 臺北市:
遠見天下文化出版股份有限公司, 2023.12
　面；　公分. -- (醫學人文；BMP022)

ISBN 978-626-355-561-7(平裝)

1.CST: 臺北醫學大學 2.CST: 健康醫療業
3.CST: 產業發展

525.833/101　　　　　　　　112019979

天下‧文化
BELIEVE IN READING